Cábala

La guía definitiva para los principiantes que desean comprender la cábala hermética y judía junto con el poder del misticismo

© Copyright 2021

Todos los derechos reservados. Ninguna parte de este libro puede ser reproducida de ninguna forma sin el permiso escrito del autor. Los revisores pueden citar breves pasajes en las reseñas.

Descargo de responsabilidad: Ninguna parte de esta publicación puede ser reproducida o transmitida de ninguna forma o por ningún medio, mecánico o electrónico, incluyendo fotocopias o grabaciones, o por ningún sistema de almacenamiento y recuperación de información, o transmitida por correo electrónico sin permiso escrito del editor.

Si bien se ha hecho todo lo posible por verificar la información proporcionada en esta publicación, ni el autor ni el editor asumen responsabilidad alguna por los errores, omisiones o interpretaciones contrarias al tema aquí tratado.

Este libro es solo para fines de entretenimiento. Las opiniones expresadas son únicamente las del autor y no deben tomarse como instrucciones u órdenes de expertos. El lector es responsable de sus propias acciones.

La adhesión a todas las leyes y regulaciones aplicables, incluyendo las leyes internacionales, federales, estatales y locales que rigen la concesión de licencias profesionales, las prácticas comerciales, la publicidad y todos los demás aspectos de la realización de negocios en los EE. UU., Canadá, Reino Unido o cualquier otra jurisdicción es responsabilidad exclusiva del comprador o del lector.

Ni el autor ni el editor asumen responsabilidad alguna en nombre del comprador o lector de estos materiales. Cualquier desaire percibido de cualquier individuo u organización es puramente involuntario.

Tabla de contenido

INTRODUCCIÓN 1
CAPÍTULO 1: ¿QUÉ ES LA CÁBALA? 3
CAPÍTULO 2: LA CÁBALA HERMÉTICA 13
CAPÍTULO 3: CONCEPTOS CENTRALES DE LA CÁBALA 22
CAPÍTULO 4: ÁNGELES, ASTROLOGÍA Y OTROS CONCEPTOS ...31
CAPÍTULO 5: EL OHR EIN SOF 39
CAPÍTULO 6: LOS CINCO NIVELES DEL ALMA Y EL GÉNERO EN LA CÁBALA 50
CAPÍTULO 7: EL ZOHAR 56
CAPÍTULO 8: EL SÉFER YETZIRAH 63
CAPÍTULO 9: SÉFER HA BAHIR 73
CAPÍTULO 10: CABALISTAS SIGNIFICATIVOS EN LA HISTORIA ...84
CAPÍTULO 11: LA CÁBALA EN LA PRÁCTICA 95
CONCLUSIÓN 100
VEA MÁS LIBROS ESCRITOS POR MARI SILVA 102
REFERENCIAS 103

Introducción

El pueblo judío tiene en la cábala su forma de entender cómo están conectados el hombre y Dios y cómo se relaciona Dios con el mundo. Durante muchos siglos, los cabalistas han seguido profundizando en las enseñanzas de la cábala sobre quién es Dios realmente y qué le debemos a Dios como seres humanos.

Desafortunadamente, algunos asumen que la cábala es algo que solo pueden conocer unos pocos iniciados, pero no es así. La cábala ofrece dos tipos de secretos: Los secretos que no están en la conciencia del público, los cuales, tan pronto como son revelados, son vistos como las ilusiones que son, de manera que todos los misterios que una vez tuvieron desaparecen. Luego están los secretos reales que están ahí para que los pueda ver uno mismo. Cuando se extraen estos últimos secretos en busca de más verdades, lo único que se encuentra es más profundidad. Estos secretos se vuelven más y más ricos, e iluminan el mundo. Estos son los verdaderos secretos de la cábala: después de todo, no son tan secretos.

El objetivo de este libro es ayudar a iluminar la cábala aclarando de qué se trata. Nos adentraremos en los orígenes, así como en los conceptos que debe conocer para comenzar su práctica. Si siente curiosidad por la cábala o quiere profundizar en su práctica y conocimiento, este libro le resultará muy útil.

La cábala no es sobre lo que puede haber oído: Las extrañas páginas web que le dicen que los cabalistas son una "Kabal" de personas involucradas en sacrificios de niños y rituales sexuales. Este no es el caso. La cábala ofrece una manera de vivir una vida que le asegura un sentido más grande y significativo a su existencia. Le ayuda a entender que no está solo, y que todos somos uno y estamos conectados, y Dios, el Ein Sof, lo incognoscible, que se ha hecho conocible a través de sus atributos divinos llamados las Sefirot.

Puede que solo sienta curiosidad, sin saber casi nada de esta práctica religiosa judía. Puede que tenga preguntas sobre el sentido de la vida y que necesite urgentemente respuestas. Puede que sea un vagabundo espiritual que se ha movido de una "verdad" a otra, tratando de encontrar algún lugar al que su alma pueda llamar hogar. Puede que ya esté practicando la cábala, pero quiera adquirir más conocimientos. No importa dónde se encuentre, este es el libro para usted. Encontrará una vida más rica, más gratificante, más pacífica y más llena de propósito cuando recorra el camino de la cábala. Este libro pretende mostrárselo tal y como es, ahora mismo, también podría convertirse en cabalista y experimentar esta paz y amor divino como algo genuino y presente en su vida. Solo asegúrese de que, haga lo que haga, convierta su práctica en algo diario, momento a momento, y nunca volverá atrás.

Capítulo 1: ¿Qué es la cábala?

La cábala es un aspecto crucial del judaísmo. Implica la comprensión de la Creación, de Dios y de cómo Dios y la creación de Dios están conectados. Trata de la naturaleza misma del alma y del camino que debe seguir.

La cábala trata de dar respuesta a las preguntas importantes de la vida sobre la muerte, el más allá, el bien, el mal y lo que significa ser espiritual. Aunque la cábala se utiliza indistintamente con el término misticismo judío, abarca mucho más que eso. La cábala es el núcleo de todas las prácticas y creencias espirituales de los judíos.

No es un libro que se pueda estudiar, en contra de la idea errónea popular. Es un conjunto de enseñanzas que abarcan enseñanzas éticas, morales y espirituales y que se encuentran en los libros sagrados judíos.

La palabra cábala se deriva de tres letras del alfabeto hebreo, llamadas colectivamente *raíz*. Esta raíz de la palabra cábala se traduce como "recibir". La Cábala consiste en recibir orientación sobre cómo vivir correctamente y adquirir el conocimiento de Dios.

Otro significado de cábala es "tradición recibida", que se refiere a las tradiciones transmitidas de generación en generación, de maestro a alumno. Es posible que encuentre que hay varias formas de realizar el mismo ritual. Piense que su versión es su cábala.

La cábala no es el misticismo judío, ya que los místicos judíos ni siquiera existían hasta el siglo XIX, y la cultura judía ni siquiera reconoce el concepto de misticismo, ni siquiera en el lenguaje. Entonces, ¿cómo llegó la gente a asumir que la cábala y el misticismo judío son lo mismo? Bueno, hay ideas específicas, según los estudiosos, se asemeja a la idea cristiana de misticismo, y así es como el término llegó junto a la cábala. Tampoco ayuda el hecho de que la cábala deje muy claro que es imposible describir a Dios, lo que hace que se incline por el "misticismo" en la mente de los no iniciados.

¿Qué es entonces la cábala? Es la teología judía. Es la forma en que la tradición judía intenta definir el Infinito y explicar a cada generación cómo se debe vivir la vida, especialmente teniendo en cuenta al Creador.

Una breve historia de la cábala

Comencemos por el principio... un principio muy intrigante. La tradición dice que la Torá o Biblia hebrea fue escrita 974 generaciones antes de la creación del mundo. En el Zohar, que es una de las obras más místicas de la cábala, está escrito que "Dios miró en la Torá y creó el mundo". La cábala es el elemento vital del judaísmo.

Del párrafo anterior debería quedar claro que la cábala no tiene un comienzo real. Sin embargo, se pueden conectar los puntos a lo largo de su viaje a través del tiempo, comenzando con las Escrituras y el primer hombre. Las figuras más influyentes de la cábala son Adán, Abraham y Moisés. Hay otros, por supuesto, pero estos tres hombres siguen siendo las figuras centrales.

Tras la destrucción del Templo Sagrado de Jerusalén en el primer milenio d. C., se escribió el Talmud, junto con los demás textos rabínicos. Los cabalistas clave de este periodo son el rabino Akiva del

Talmud (un cuerpo de ley ceremonial y civil para los judíos) y el rabino Shimon bar Yojai que escribió el Zohar.

Una vez que el período rabínico terminó alrededor del 500 d. C., lo siguiente más importante en la historia de la cábala fue la revelación del Zohar en el siglo XIII. Este fue el texto legendario de la cábala. Siglos después, el rabino Isaac Luria, conocido como el Ari, reinventó todo el judaísmo y la cábala para el resto de los tiempos. Otros rabinos contribuyeron a la evolución de la cábala, pero nos centraremos en los más importantes.

En la Biblia, tenemos a Adán, el primer humano y el primer cabalista de la historia. Se cree que Adán recibió de un ángel un libro sobre las sabias enseñanzas de la cábala. Adán también es importante porque, en lo que respecta a los cabalistas, cada palabra y letra que compone la historia de la creación en el libro del Génesis es esencial y significa la vida humana y las circunstancias humanas.

Es especialmente significativo que Adán se dividiera en hombre y mujer, lo que significa el carácter sagrado del matrimonio, en el que dos mitades se convierten en un todo. Este es uno de los principios fundamentales de la vida, según los cabalistas.

También es significativa la cercanía que compartía Adán con los árboles del jardín, todos ellos plantados por la mano de Dios. Entre estos árboles estaba el Árbol del Conocimiento del Bien y del Mal y el Árbol de la Vida. Estas ideas son fundamentales en la cábala para ayudar al cabalista a entender qué son la tentación y el mal, el lugar del libre albedrío y cómo se puede triunfar sobre la tentación.

La cábala considera que Adán es el padre biológico y espiritual de todos y que todos somos parte del alma de Adán, o Adam Ha-Rishon.

Abraham nos mostró a todos que Dios es, y Dios es Uno. Este es un punto de vista cabalístico básico. El cabalista no cree en los humanos como Dios; tampoco cree en un panteón de dioses. *Solo hay un Dios.*

Los cabalistas dicen que Abraham escribió el Séfer Yetzirah, uno de los libros más esenciales de la cábala. También es la fuente de muchas historias, leyendas, leyes y enseñanzas profundas de la cábala, que han continuado transmitiéndose de una generación a otra, y que fueron sacadas a la luz por Moisés a través de la tradición oral y la Torá documentada.

Para el cabalista, Abraham no es historia, ya que todos vivimos en lo que se conoce como el eterno ahora. Abraham representa el concepto de *chesed*, que significa ser generoso, abierto, afectuoso, hospitalario, cariñoso, amable y expansivo.

Luego está Moisés, el mayor profeta, según los cabalistas, y un maestro único. También se le considera el más humilde de todos los hombres, vivos o muertos. Cuando los israelitas llegaron al Monte Sinaí, Moisés se levantó y recibió información divina, que era clara en todas las prácticas cabalísticas, y detallada en el conocimiento humano.

Además de sacar a los israelitas de Egipto, Moisés es importante en la cábala porque, según el Talmud, Moisés subió al Sinaí y encontró muchas cosas que no entendía en el pergamino que Dios estaba escribiendo. Entonces, Dios le hizo saber que, con el tiempo, un gran rabino -Rabino Akiva- sería el que entendería toda la sabiduría de los pergaminos y la enseñaría a todos.

Entonces, Moisés solicitó una reunión con este rabino, y en respuesta, Dios le pidió que se diera la vuelta. Cuando Moisés se dio la vuelta, se encontró de repente en el aula del gran rabino en persona, pero no entendió nada de lo que el rabino enseñaba. Sin embargo, un estudiante le preguntó a Rabino Akiva de dónde provenían estas tradiciones en el rollo de la Torá. Moisés se sorprendió al escuchar al rabino responder: "Recibimos estas tradiciones secretas de Moisés, quien las recibió en el Monte Sinaí".

Ahora pasemos al período rabínico de la historia de la cábala. Rabino Akiva fue el único rabino que exploró los asuntos espirituales muy profundamente, y lo hizo con facilidad. Donde otros rabinos tenían problemas para captar los misterios profundos, Rabino Akiva lo captó todo. Era el modelo del pueblo, hasta el punto de que sus actividades cotidianas no tan espirituales formaban parte de la Torá. Enseñó la Torá incluso bajo el dominio romano, que había proscrito las enseñanzas. Entonces, fue arrestado, encerrado y luego torturado hasta morir.

Incluso mientras Rabino Akiva era atormentado por los romanos, que rastrillaban peines de hierro caliente sobre su carne, ofreció una última enseñanza a sus estudiantes que lloraban mientras su carne ardía. Instruyó al pueblo para que practicara diariamente la lectura de los pasajes de la Torá sobre su amor al Todopoderoso. Explicó que el texto de la Torá que dice "amar a Dios con toda tu alma" significa que debemos amar a Dios incluso cuando nuestro cuerpo y nuestra alma se separan, incluso en el momento de la muerte. Al morir, dijo: "Escuchad, Israel, el Señor nuestro Dios, el Señor es Uno". Según la leyenda, el rabino murió justo cuando pronunció la palabra "Uno".

La forma de la muerte de Rabino Akiva es un recordatorio para todos los cabalistas de que cada momento ofrece la oportunidad de crecer en espíritu y de explorar y profundizar en el conocimiento de que Dios es Uno.

También estaba el Rabino Shimon bar Yojai el autor del Zohar, un estudiante de Akiva, que se convirtió en una leyenda en la historia cabalística. Los romanos no lograron atrapar a rabino Shimon bar Yojai. Se escondió en una pequeña cueva con su hijo durante 13 años y pudo evadir a los romanos. En esa pequeña cueva, Rabino Shimon bar Yojai y su hijo tuvieron la más grandiosa de las visiones, que inspiró al rabino a escribir el Zohar, el Libro del Esplendor.

Escribir el Zohar no fue una hazaña pequeña porque la cábala tiene tantos niveles e ideas que se entrelazan entre sí de forma tan hermosa que desafían ser capturados en meras palabras en una página. Aun así, el rabino escribió el Zohar, encontrando la manera de explicar de forma sencilla y clara los principales temas cabalísticos. Después de escribir el Zohar, estuvo oculto a todos los ojos durante siglos.

Los romanos habían diezmado a los judíos, pero las ideas y tradiciones cabalísticas se habían transmitido de una generación a otra, pero solo a unos pocos elegidos. En el siglo XIII, el conocimiento de la cábala se extendió como un reguero de pólvora. Esto ocurrió 1.200 años después de la destrucción del Templo de Jerusalén. Moisés de León, un cabalista español, sacó a la luz el Zohar. Así que ahora hay tres pilares de la tradición cabalística: El Talmud, la Torá, y el Zohar.

Tras la expulsión de los judíos de España en el año 1492, surgió una sólida comunidad cabalística en Safed, una ciudad de Tierra Santa. Esta comunidad, llena de los más grandes eruditos y cabalistas, es responsable de cómo se entiende y estudia la cábala en la actualidad.

En la década de 1600, hubo una terrible serie de masacres en Ucrania, llamadas las masacres de Chmielnicki, en las que perdieron la vida muchos judíos. Tras el dolor y el trauma, un maestro se levantó y comenzó una revolución que alteró para siempre el curso del judaísmo, trayendo de vuelta la luz de la cábala e iniciando un movimiento apasionado por llevar esta luz al mundo. Este maestro fue Rabino Israel, más conocido como *Baal Shem Tov*. Tenía la extraña habilidad de comunicar los conocimientos más profundos utilizando parábolas, historias, enseñanzas y dichos fáciles de entender para todos. Sus enseñanzas no fueron escritas en un libro, así que lo que conocemos de ellas es un libro del rabino Yaakov Yosef Hakohen, de Polnoye (Jacob Joseph de Polonne), titulado Toldos Yaakov Yosef. Rabino Yosef también escribió varios otros volúmenes repletos de citas y enseñanzas del Baal Shem Tov, que forman la base del jasidismo.

Desafortunadamente, la cábala ha sufrido a manos de los historiadores, incluso los de origen judío. Algunos han descrito la cábala como una parte insignificante de la tradición judía debido a su incapacidad para aceptar las enseñanzas cabalísticas. Esto se debe a que se dejaron llevar más por la obsesión actual por la ciencia y, francamente, tampoco entendían los conceptos cabalísticos. Si lo hicieran, reconocerían la cábala como el núcleo de la Torá, pero no lo hacen, y gracias a ellos, hay mucha desinformación, mitos y mentiras sobre la cábala. Afortunadamente, esto está cambiando, y este libro no solo pretende ilustrar la verdad sobre la cábala, sino rectificar el daño causado por estos historiadores.

Secretos y esoterismo

La Torá y la cábala proporcionan lo abierto y lo que permanece secreto y esotérico. Lo que se revela en la tradición oral y en la escritura se transmite por medio de las letras, que se pueden considerar como contenedores de la luz de la cábala, condensada para que quepa tanta luz y sabiduría como sea posible.

Sin embargo, debido a que los misterios cabalísticos son, en su esencia, luz infinita, no hay mucho que pueda ser revelado en las letras finitas que tratan de capturarlas. Puede intentarlo, pero es un ejercicio inútil capturar toda la sabiduría de la cábala en meras palabras. La única manera de hacerlo es percibiendo con su vista interior usando su corazón para captar su significado.

Con esto, le recuerdo de nuevo el concepto de recepción con la cábala. Los misterios de la Torá, el Talmud y el Zohar se reciben, no se alcanzan. No puede aprender del esoterismo de la cábala a través de las palabras. Pero puede aprender de un maestro que a su vez ha recibido la luz de un maestro propio, y así sucesivamente. Puede pensar en esta tradición esotérica como la fusión de todos los espíritus con el Uno, o lo Divino, que no puede ser encapsulado en la palabra escrita o hablada.

A Rabino Shimon bar Yojai se le encomendó por primera vez revelar los secretos cabalísticos en forma de escritura, y como ya sabe, así es como surgió el Zohar. Se cree que se le concedió permiso para hacerlo porque permaneció vivo incluso después de que el Templo fuera destruido. Ya que, mientras el Templo permaneció en pie, al mundo se le concedió su luz divina. Una vez que dejó de existir, se hizo necesario poner por escrito estos secretos de la cábala.

Principios básicos del judaísmo

El judaísmo tiene muy claro que existe Dios (no dioses) y que solo hay uno. Hace especial hincapié en la necesidad de cumplir los mandamientos sin falta y de adherirse estrictamente a todo lo que está escrito en los Libros sagrados. Existe la necesidad de honrar a Dios continuando con las instrucciones establecidas en la Torá y cumpliendo las mitzvot (mandamientos de Dios) en todo momento.

Rabino Moisés ben Maimón, o el Rambam, elaboró el Shlosha Asar Ikkarim, también conocido como los trece principios fundamentales del judaísmo, que obtuvo de la propia Torá. Aquí están:

1. La creencia de que el Creador existe, y es perfecto en todos los sentidos, y es la única causa de todo lo que es.
2. Una creencia de que Dios es Uno, absoluto y unido.
3. Dios no es corpóreo, y no puede ser afectado por lo físico, ya sea que se trate de morar, descansar o moverse.
4. Dios es eterno.
5. Dios y solo Dios debe ser adorado. No hay lugar para dioses falsos y ajenos.
6. Dios se conecta con el hombre a través de la profecía.
7. La profecía del gran maestro Moisés sigue siendo primordial y suprema.
8. La Torá es de origen divino.
9. La Torá es inmutable.

10. Dios es omnisciente y sigue siendo la personificación de la providencia.

11. Hay una recompensa divina y una justa retribución.

12. El Mesías es real y llegó a la Tierra durante la era mesiánica.

13. La resurrección de los muertos es real e incuestionable.

¿Qué es el misticismo?

El misticismo implica el acto de llegar a ser uno con el Dios Divino. También es cualquier estado de conciencia alterada que tiene un significado profundo y espiritual. Con el misticismo, se alcanza toda la visión que se necesita sobre todos los asuntos ocultos, y esta revelación acaba por transformarlo a usted.

En los últimos tiempos, el misticismo se ha vuelto mucho más limitado en su definición, pero posee una amplia aplicación, ya que el misticismo atraviesa una gran variedad de religiones, tradiciones y prácticas. En el judaísmo, su búsqueda para conocer a Dios y comprender su relación con él es imperativa. Esta es su principal búsqueda mística.

¿Qué es el jasidismo?

El jasidismo o judaísmo jasídico nació en Ucrania como una alternativa para aquellos que no eran tan partidarios del enfoque tan erudito y formal del judaísmo. Surgió alrededor de 1700 y fue fundado por el Baal Shem Tov. Se trataba de enseñar a la gente a tener su relación con la Divinidad.

El jasidismo hizo que el misticismo judío fuera mucho más popular entre las masas, ya que antes solo estaba restringido a unos pocos elegidos y era un secreto bien guardado de todos los demás. No se trataba tanto de estudiar los principios judíos, sino de ponerlos en práctica a través de la oración. También acogía con los brazos abiertos todo tipo de cuentos populares aderezados con milagros y magia. El judío jasídico evita las normas habituales de rezo asquenazí y sigue una norma diferente que es una mezcla de fuentes sefardíes y asquenazíes.

El uso de la magia blanca

La cábala Ma'asit, o "cábala práctica", es una parte del judaísmo que implica el uso de la magia. Los practicantes pueden practicar la magia blanca, que implica el uso de poderes sobrenaturales para el bien de uno y de todos. Este era un derecho que solo correspondía a la élite que podía delimitar la fuente espiritual de la magia blanca de las qlifot o kelipot, que son el epítome de las fuerzas espirituales impuras y malignas.

Las Qlifot son el opuesto exacto de las Sefirot, que significa "emanaciones", y son los diez atributos de la cábala, en los que Dios se revela y crea no solo el mundo físico, sino los mundos del más allá. A la derecha, se ha establecido la situación sagrada; el practicante puede separar la fuente de la magia blanca de los reinos del mal. La magia blanca siguió siendo un aspecto menor del judaísmo porque había grandes preocupaciones por participar en la impureza sin querer hacerlo.

Los practicantes de la cábala Ma'asit suelen utilizar los nombres angélicos y divinos para sus amuletos y conjuros. Se menciona la cábala Ma'asit en los textos sagrados e históricos, pero en su mayor parte, los cabalistas han seguido enseñando que está prohibida. A menudo se enfrenta a la cábala Iyunit, o "cábala contemplativa", que pone más énfasis en conocer la naturaleza de Dios, así como la naturaleza de nuestra existencia, a través del estudio y las técnicas de meditación.

Capítulo 2: La cábala hermética

Hablemos ahora de la cábala hermética tradicional, de la que notará que tiene una ortografía muy diferente. Esta tradición esotérica es de origen occidental y tiene que ver con el ocultismo y el misticismo. Es practicada por las órdenes talémicas y la orden de la Aurora Dorada.

La cábala hermética fue influenciada por las religiones paganas, la astrología occidental y otros pensamientos. Es diferente de la cábala judía porque es una combinación de muchas prácticas de muchas filosofías.

La divinidad de la cábala hermética

No hay separación entre lo divino y lo humano. El universo puede ser material, pero fue creado a través de las emanaciones de Ein Sof, basadas en tres estados que forman los bloques de construcción de la manifestación:

- Nulidad: Representado por Ain, que significa nada.
- La concentración de Ain: Representada por Ain Soph, que significa infinito.
- El movimiento de Ain Soph: Ser Ain Soph Aur.

Las Sefirot

La creación resulta del Ain Soph Aur, que tiene diez emanaciones llamadas Sefirot. Nueve provienen de la primera Sefirá (forma singular de Sefirot), que es Kéter. Son:

- Kéter
- Jojmá
- Biná
- Dáat*
- Chesed
- Geburáh
- Tiféret
- Netsaj
- Hod
- Yesod
- Maljut

El asterisco al lado de Dáat es para recordarle que no tiene un número asignado, ya que forma parte de Biná, y debe considerarse una sefirá oculta, según Israel Regardie en La Aurora Dorada (2000, página 51).

Las sefirot proceden de la luz divina, que fluye de lo que aún no se ha manifestado a través de Kéter hacia la realidad. Todas las sefirot son la coalescencia de la energía divina, y tienen sus atributos.

Kéter: Es la voluntad divina de Dios, que da alegría a todos. Envuelve al resto de las sefirot y es una corona sobre su cabeza. Los cabalistas imaginan que la luz de Kéter fluye por todo el cuerpo, dándole poder e impregnando sus cualidades. Lo conecta con Dios. Esta sefirá también inicia el flujo del poder divino de una sefirot a la siguiente hasta que la sefirá inferior devuelve esa energía a la superior y completa el ciclo. Esto es casi como una experiencia Kundalini.

Jojmá: Esta es la segunda sefirá, y tiene que ver con la intuición. Es lo que le permite tener sensaciones viscerales o esa sensación inexplicable de saber algo. Está ligada a una forma superior de sabiduría, como la que nace dentro de cada persona. Esta intuición se puede observar en los bebés recién nacidos, que de alguna manera saben que deben mamar del pecho de su madre sin que se les haya enseñado antes a hacerlo. La sabiduría superior del bebé sabe lo que debe hacer. A veces, Jojmá se llama concepción. Esta sefirá también coincide con el rey Salomón de la Biblia, ya que fue el hombre más sabio que ha pisado la tierra.

Biná: Esta tercera sefirá tiene que ver con el entendimiento. Es la capacidad de utilizar la lógica y trabaja mano a mano con Jojmá. Jojmá y Biná son los mejores amigos, y su relación suele describirse de forma erótica. Biná es la que toma la información que recibe de Jojmá y encuentra el significado dentro de ella. Le permite distinguir entre varias cosas. También está relacionada con la palabra livnot, que significa "construir". Toma la información muy abstracta que obtiene de Jojmá y luego la construye para darle algo sólido con lo que trabajar.

Dáat: Esta sefirá se utiliza a veces en lugar de Kéter. Mientras que Kéter es una emanación divina, Dáat es la experiencia del hombre. Es su visión del mundo, basada en todo lo que ha vivido. Es lo que le ayuda a determinar si algo le servirá basándose en sus experiencias con cosas de esa naturaleza. Cuando la Jojmá le da los empujones intuitivos, y la Biná lo ha procesado todo lógicamente para que usted lo entienda a nivel de la cabeza, el Dáat le dice si debe comprometerse con una situación o simplemente alejarse, dependiendo de los resultados pasados.

Chesed: Esta sefirá trata de la gracia. También verá que se llama Guedulá, que se traduce como grandeza. A veces, en el Árbol de la Vida, la línea vertical derecha se llama Chesed, porque es su expresión masculina. Esto también implica amor, ser atraído por las cosas, fluir, abrirse a la vida y dar libremente de sí mismo. Es el amor sin trampa y está representado por el brazo derecho. Chesed tiene que ver con la benevolencia, el amor sin freno ni reservas. También es la primera sefirá emocional.

Geburáh: También tiene que ver con la justicia, la ley y el juicio. Es una sefirá que le inspira concentración, contención, control, temor o miedo a algo. Esta sefirá tiene aspectos buenos y malos. Se trata de la contracción. Demasiado puede ser perjudicial, al igual que su ausencia también tendría terribles consecuencias.

Tiféret: Es la armonía y la necesidad de equilibrio. Es una combinación de honestidad con uno mismo y con los demás, y de compasión. Une el Chesed, que fluye, con la Geburáh, que restringe, para lograr el equilibrio. Los cabalistas consideran que Tiféret es el símbolo de la Torá.

Netsaj: Esta sefirá supervisa el deseo de hacer que las cosas sucedan. Tiene que ver con la victoria y la eternidad. Es lo que le da la capacidad de superar los desafíos y los obstáculos en la vida. En su forma negativa, hace que se convierta en un adicto al trabajo y que nunca se tome descansos. También hace que actúe antes de estar preparado para moverse.

Hod: Se relaciona con el esplendor o la gloria, y la persistencia. Hod le ayuda a aguantar cuando quiere rendirse en la vida. Le pone en un estado mental en el que no permite que los obstáculos, las personas o las situaciones obstaculicen el logro de su destino. Hod es el lugar de dónde saca la inspiración para completar las cosas para que puedan estar en su mejor forma antes de ponerlas en el mundo.

Yesod: Esta sefirá construye puentes, conectando cosas. Es lo que nos inspira a todos a buscar conexiones, a dar y a recibir.

Maljut: Esta sefirá representa su resultado, el fruto de todo su trabajo. Maljut está relacionado con el día de reposo, lo que tiene sentido. Una vez que ha recibido su recompensa, no tiene nada más que hacer que descansar, que es para lo que sirve el Sabbat.

El árbol de la vida

Para el cabalista hermético, las cartas del tarot son las llaves figurativas que abren el árbol de la vida. Las 22 cartas, incluyendo la carta del Cero o del Loco y la t-uno (triunfo), se llaman los Misterios Mayores, o los Arcanos Mayores. Coinciden con las 22 letras del alfabeto hebreo y representan los 22 caminos diferentes del árbol de la vida. Cada carta del as al diez representa las diez sefirot de los cuatro mundos cabalísticos. Los elementos clásicos de los cuatro mundos, Tierra, Fuego, Aire y Agua, se corresponden con las 16 cartas de la corte. Todas las sefirot pintan en imágenes vívidas la verdadera naturaleza de la Divinidad, y todos los caminos que se encuentran entre ellas cuentan una historia de las diferentes maneras de conocer la Divinidad íntimamente.

Orden de los ángeles, según la cábala hermética

La Orden Hermética de la Aurora Dorada extrapola de la cábala que existen 10 arcángeles. Cada arcángel supervisa un coro de ángeles y corresponde a un sefirá. Esto es lo mismo que la jerarquía de los ángeles, según la cábala judía. Aquí están los ángeles, en orden de rango:

1. **Metatrón:** Corresponde a la sefirá de Kéter, a cargo del coro de ángeles llamado Hayot Ha Kodesh, que significa "Santos Vivientes". Estos son los seres vivos (o hayyoth) que fueron descritos en el Libro de Ezequiel cuando el profeta tuvo una visión en el capítulo 1 y en el capítulo 10 del carro celestial.

2. **Raziel:** Corresponde a la sefirá Jojmá. Está a cargo de los Ophanim, que significa "Ruedas". Los Ophanim también son llamados los Galgalim o los Ofanim. Son las ruedas del carro en la visión de Ezequiel. Según el Libro de Enoc, nunca duermen, sino que permanecen vigilantes sobre el trono de Dios.

3. **Zafkiel:** Corresponde a la sefirá de Biná. Zafkiel supervisa a los Valientes, o los Erelim. Los Erelim aparecen en el libro de Isaías cuando Senaquerib estaba a punto de invadir Jerusalén en el reinado de Ezequías.

4. **Zadkiel:** Corresponde a Chesed. Está a cargo de los Hashmallim, también llamados los Ámbar o los Brillantes, que son entidades angélicas muy conocidas.

5. **Camael:** Corresponde a la sefirá Geburáh. Maneja a los Serafines, o a los Ardientes. Los Ardientes tienen su origen en el antiguo judaísmo.

6. **Rafael:** Corresponde a la sefirá de Tiféret. Este ángel supervisa a los Malakim, también llamados ángeles o mensajeros.

7. **Haniel:** Corresponde a la sefirá de Netsaj. Este ángel supervisa a los Elohim, también llamados Seres Divinos.

8. **Miguel:** Corresponde a la sefirá Hod. Miguel supervisa a los Bene Elohim, o los Hijos de Elohim.

9. **Gabriel:** Corresponde a la sefirá Yesod y supervisa a los Querubines, seres no terrenales cuya misión es atender a Dios directamente, según las religiones abrahámicas.

10. **Sandalphon:** Corresponde a la sefirá de Maljut y supervisa la clase de ángeles conocida como Ishim, que significa "seres similares a los humanos".

Una breve historia sobre la filosofía hermética de la cábala

Según el pensamiento judío tradicional, la cábala se originó en la religión judía y se difundió y expresó utilizando la terminología de muchas disciplinas bajo la escuela de pensamiento neoplatónica judía medieval. Los estudiosos modernos están reevaluando si la nueva doctrina de la cábala medieval es el resultado de la asimilación de una versión mucho más antigua y judía del gnosticismo.

Mientras que unos pocos estudiosos sugieren que ha habido una continuidad a lo largo de los años en el desarrollo de la cábala, los cabalistas herméticos tienen muchas opiniones sobre el verdadero origen de la cábala, diciendo que no tiene sus raíces en el misticismo judío ni en el misticismo semítico, ni siquiera en el antiguo gnosticismo egipcio, sino en la tradición occidental con sus raíces en la Grecia clásica y en la cultura indoeuropea, que luego fue recogida por los místicos judíos. La cábala original es la cábala hermética, aunque la palabra sea judía.

El ocultismo renacentista

La tradición hermética absorbió la cábala judía durante la primera parte del siglo XV, cuando el gran Giovanni Pico della Mirandola impulsaba una visión ecléctica del mundo que implicaba la mezcla de aristotelismo, neoplatonismo, platonismo y cábala. Los muy populares Tres libros de filosofía oculta, escritos por el escritor ocultista, astrólogo, mago, alquimista y teólogo alemán Enrique Cornelio Agripa, son un matrimonio de la teoría y la práctica de la cábala con la magia occidental. Esto fue lo que jugó un papel importante en la visión renacentista de la relación del cristianismo con la magia ritual. Este sincretismo de Giovanni Pico fue llevado aún más lejos por un sacerdote jesuita llamado Atanasio Kircher, que también era un polímata y hermetista. Escribió en profundidad sobre este asunto, añadiendo otros elementos de la mitología egipcia y del orfismo.

La era ilustrada del hermetismo

Finalmente, la Iglesia cristiana se hartó del hermetismo, por lo que este se vio obligado a pasar a la clandestinidad, donde nacieron las hermandades herméticas. Durante la Edad de la Ilustración que trajo consigo un profundo escepticismo de todo lo religioso, la tradicional Cábala cristiana con su escuela de pensamiento exotérico-teológico murió. Mientras tanto, la Cábala hermética, impregnada de ideas esotéricas-ocultas, siguió prosperando dentro de la tradición mistérica occidental. Así es como la Cábala no judía, que abrazaba calurosamente la práctica de la magia, se convirtió en el centro de toda la adivinación, la magia y las cuestiones ocultas de Occidente.

Las ramas esotéricas de la masonería y el rosacrucismo trataban sobre la Cábala, la magia divina y las filosofías religiosas, que se compartían con los nuevos adeptos en etapas de iniciación. Así es como se sentaron las bases de la organización esotérica más reciente.

El renacimiento de la magia en el siglo XIX

Tras la época de la Ilustración, el Romanticismo hizo que la sociedad se interesara mucho por el ocultismo, en el que destacaba la escritura hermética cabalística. El Magus, una guía de magia ceremonial escrita por Francis Barrett en 1801, no levantó sospechas hasta que Eliphas Lévi, un entusiasta francés de la magia, se hizo con él. Gracias a él, el cabalismo pasó a ser lo mismo que la magia blanca y la supuesta magia "negra". Lévi tenía algunas ideas nuevas que aportar a la mesa cabalística, ya que insistió en la conexión entre las cartas del Tarot y las letras hebreas, lo que creó un vínculo entre el esoterismo judío y la magia occidental, un vínculo que ha seguido siendo muy vital hasta ahora. El toque de Lévi fue profundamente sentido por los de la Orden Hermética de la Aurora Dorada. Incluso Aleister Crowley se inspiró en él y se consideró a sí mismo como la reencarnación de Lévi. Es a Lévi a quien debemos agradecer por revivir la magia en la práctica de la cábala hermética.

La Orden Hermética de la Aurora Dorada

La cábala hermética debe su desarrollo a la Orden Hermética de la Aurora Dorada, dentro de la cual había una fusión de las deidades egipcias y de las 10 sefirot, de forma más cohesionada, e influyó en otros sistemas como el sistema enochiano de magia angélica de John Dee, y en ideas particulares budistas e hindúes, que se reúnen maravillosamente en el marco de una orden esotérica de tipo rosacruz o masónico.

El propio Crowley había pasado por la Orden Hermética de la Aurora Dorada antes de seguir adelante y crear sus órdenes. En el libro de Crowley, Liber 777, encontrará una maravillosa descripción del sistema hermético en general. Relaciona las religiones occidentales y orientales con los 32 números, que representan las sefirot y los 22 caminos que se encuentran en el árbol de la vida cabalístico. Los cabalistas herméticos recorren un camino panenteísta en el que hay conexiones correspondientes entre los ángeles cabalísticos y otros elementos, planetas y dioses. Por ejemplo, Chesed se corresponde con el azul, Isis, Júpiter, Brahma, la amatista y Poseidón.

Más allá de la Aurora Dorada

Muchos de los rituales realizados por la Orden Hermética de la Aurora Dorada fueron escritos en libros por Crowley, con alteraciones que les permitieron encajar bien con su sistema mágico. Estos rituales, en su forma más original y tradicional, también han sido recopilados por Israel Regardie. Para obtener la mejor visión de una cábala hermética moderna, lea The Mystical Qabalah (La cábala mística), escrito por Dion Fortune, que fue una iniciada de Alpha et Omega y que pasó a crear la Fraternidad de la Luz Interior.

Los libros de Paul Foster Case, autor estadounidense y ocultista, también le serán útiles. Fue el fundador de la escuela de misterios Los Constructores del Adytum, que se basó en la Orden Hermética de la Aurora Dorada, y en el sistema de logias azules masónicas, que finalmente fue ampliado por Ann Davies. Los Constructores de la escuela de Adytum son todos iniciados en el tarot oculto, la psicología esotérica, la astrología, la meditación y la cábala hermética.

Pat Zalewski, que es alumno de Jack Taylor (que fue alumno de Robert Felkin en la Escuela de la Aurora Dorada), también ha publicado volúmenes de excelentes trabajos sobre la tradición de la Aurora Dorada como la Cábala Hermética.

También se pueden encontrar trabajos muy importantes publicados por Samael Aun Weor sobre la cábala en relación con muchas otras religiones, como la pagana, la egipcia y la centroamericana. Consulte su excelente resumen titulado <u>El sendero iniciático en los arcanos del tarot y cábala</u> para saber más.

Capítulo 3: Conceptos centrales de la cábala

Los cabalistas se han empeñado en mostrar la diferencia entre el Dios revelado y el Dios oculto. La parte infinita de Dios, que está oculta, se llama Ein Sof, que significa "sin fin". Este es Dios, El Infinito, El Oculto. Esto significa que Dios existe incuestionablemente, pero aquí no se hacen implicaciones sobre el carácter de Dios.

Los cabalistas dicen que es mejor llamar a Dios *Eso*, en lugar de *Él*. Para empezar, el idioma hebreo no tiene género neutro. Debido a la naturaleza trascendente y sublime de Dios, ningún nombre puede describir o encapsular "El Infinito".

Ein Sof solo conlleva el significado de que Dios no puede ser comparado con nada conocido por el hombre. Los cabalistas dicen que Ein Sof nunca debe ser el objeto propio de su oración porque no hay relación entre lo creado y Ein Sof.

Para encontrar el aspecto del Dios Infinito y Oculto, uno debe conectarse con los diez aspectos de su ser, que son conocibles. Estos diez aspectos son las diez sefirot, de las que hemos hablado. Por lo tanto, piénselo de esta manera: Dios tiene dos aspectos o dos naturalezas. Está la esencia infinita e incognoscible de Dios, y luego están los diez aspectos conocibles de Dios.

Originalmente, sephirot (o sefirot) significaba "números". Esta palabra procede del más antiguo de los textos hebreos, que trataba del significado y la naturaleza de las letras y los números, llamado el Séfer Yetzirah, o "Libro de la Formación". Las sefirot se refieren a los instrumentos a través de los cuales Dios actúa o a los aspectos del ser que es Dios, que pueden ser contados. Las diez sefirot coinciden con los diez números cardinales.

Algunos cabalistas dicen que la palabra sefirot viene de la raíz hebrea llamada sapper, que significa "contar". Según los cabalistas, que sostienen este punto de vista, todos los aspectos o sefirot nos hablan de la personalidad de Dios. Algunos han sugerido que sefirot proviene de la palabra zafiro en hebreo y que tiene sentido porque el camino del cabalista para conocer a Dios está iluminado por las sefirot, que pueden compararse con gemas preciosas llenas de luz radiante.

Muchos han intentado traducir la palabra sefirot a su equivalente en español, llamándolas "emanaciones" o "esferas" u otros términos que resuenan con lo oculto. Es más fácil conceptualizar las sefirot como los símbolos de los aspectos de Dios en acción, o de Dios simplemente siendo, que pueden ser identificados numéricamente. Si tradujéramos este Dios conocible al inglés, la mejor palabra sería calculi, que representa mejor el uso de símbolos y sirve para contar, pero es mejor quedarse con el término hebreo apropiado, ya que claramente las sefirot no son conceptos ingleses.

Las sefirot: Lo que conecta

Las sefirot nos conectan con el infinito. Proporciona el vínculo que permite que la unidad de Dios siga siendo un absoluto incuestionable, al tiempo que fomenta la relación entre lo creado y el Creador. Por lo tanto, las sefirot deben ser el objeto de sus oraciones como cabalista y no el Ein Sof. Esta distinción es necesaria, ya que muestra que si bien puede tener una relación con Dios, como suele ocurrir con la idea tradicional de Dios, Dios sigue siendo lo inmaterial, incorpóreo y siempre inmutable.

Por lo tanto, cuando se piensa en Dios de una manera que se esfuerza por comparar con las emociones humanas o los atributos físicos, lo que se está calificando no es el Ein Sof, sino las sefirot. Cualquier descripción de Dios que implique tener una forma corpórea, o tener la capacidad de cambiar, o comprender varias partes, se refiere a las sefirot y no a Ein Sof. Antes de que pregunte, sí, el Dios al que se refiere la Biblia no es Ein Sof, sino las sefirot. Por lo tanto, los cabalistas le dirán que no se menciona a Ein Sof en la Biblia. La Biblia trata del Dios personal y conocible, y no del Dios infinito y oculto.

El objetivo de las sefirot es mostrar cómo el Infinito y el finito pueden compartir un vínculo. Muestra cómo lo que es incognoscible para todos nosotros puede llegar a ser conocido. El vínculo entre las sefirot y el Ein Sof es muy parecido al que existe entre el cuerpo y el alma. No puede ver su alma y no puede conocerla en su totalidad, aunque es suya, habita en su interior. Aunque solo tiene un alma, ve su expresión en el ser y la acción a través del hecho de que su cuerpo respira, y se mueve, y vive.

Entonces, su cuerpo es el instrumento a través del cual su alma vive, actúa y se expresa. Solo puede expresarse a través de los medios permitidos por cada parte del cuerpo, o sefirot. Todavía es inexplicable cómo están conectados el cuerpo y el alma, pero sabemos que el alma existe y no puede ser conocida completamente porque es incorpórea. Del mismo modo, Ein Sof se mueve y actúa a través de las sefirot, que permiten a Ein Sof relacionarse con todos nosotros.

Un misterio

La cábala tiene una larga historia, que se ha desarrollado a lo largo de varias etapas, tocada por muchas tradiciones maravillosas, empapadas de los más maravillosos secretos y leyendas del pasado.

La cábala tiene muchos misterios que deben su ser a los muchos libros cabalísticos antiguos, escritos simbólicos, rituales y talismanes sagrados. Estos secretos y misterios no impiden que el aspirante a cabalista aprenda y comprenda la verdad pura y divina que le corresponde aprender en la cábala.

Una de las cosas misteriosas de la cábala es que, más que cualquier otra religión o doctrina del mundo, es la que tiene un acervo mucho más vasto y completo de conocimientos sobre todo lo que concierne a la vida y al universo. Considere, si quiere, los antiguos textos sagrados que contienen mucha información específica y profunda sobre la estructura de un átomo, o la Tierra y su forma esférica, o el espectro de la luz, los universos paralelos, y mucho más. En esos manuscritos, escritos muchos eones antes de que la ciencia demostrara su veracidad, encontrará mucha verdad. Muchos científicos utilizan términos y descripciones cabalísticos cuando realizan sus investigaciones. La naturaleza abarcadora de la cábala es uno de sus mayores misterios.

Durante siglos, la búsqueda de la verdad absoluta ha mantenido al hombre encantado. Hemos pasado por todo tipo de ritos misteriosos y hemos tenido muchas experiencias subjetivas, y, aun así, seguimos buscando, tratando de desentrañar los misterios más profundos, oscuros y alucinantes del universo. Muchos se unieron a grupos de élite, atraídos por la perspectiva de descubrir por fin el siempre esquivo significado de la vida y esperando una conexión mucho más fuerte con lo Divino.

El centro mismo de la cábala es el misterio del conocimiento de la Divinidad, o el secreto de la fe, también conocido como *raza dimehemanuta*. Es a partir de este misterio que se desprenden todos los demás misterios que hay que explorar.

Los cuatro mundos de la cábala

Los cuatro mundos, conocidos como Olamos u Olamot (forma singular, Olam), es la clase más fundamental de los reinos espirituales, según la cábala, en la cadena descendente de la Existencia. Según la cábala, la cadena descendente, también conocida como hishtalshelut o seder hishtalshelut, es un descenso de todos los mundos espirituales, en forma de cadena, desde la Creación y Dios. Cada mundo es su reino de existencia, que llegó a ser por su distancia o cercanía a la revelación divina.

Se puede pensar que cada reino es la conciencia en su forma única, que se muestra en el mundo a través de la lente de la psicología del alma. A veces los cuatro mundos se consideran los cinco mundos, con un mundo anterior al primero. Esencialmente, los cuatro mundos son el árbol de la vida dividido en cuatro niveles, donde cada mundo corresponde al habla, la vista, el olfato y el oído.

- Atziluth: El mundo arquetípico
- Beri'ah: El mundo creativo
- Yetzirah: El mundo formativo
- Asiyah: El mundo material

Todos estos mundos emanan de la fuerza vital creativa del Ein Sof, el infinito divino, a través del proceso de tzimtzum multinivel, que son demasiados para enumerarlos. El tzimtzum es un término que significa "condensación" o "contracción" o "constricción" y a menudo se utiliza en la cábala luriana para ampliar la doctrina de Isaac Luria que dice que la forma en que Dios comenzó el acto de la creación fue contraer su luz infinita o Ohr Ein Sof para que pudiera haber un espacio conceptual, donde los mundos finitos e independientes pudieran existir. Esta primera contracción, que forma un happanuy halal o un espacio vacío donde la luz del creador puede brillar, está representada por la referencia tzimtzum.

El tzimtzum conduce al espacio donde pueden existir tanto el mundo físico como el espiritual, junto con el libre albedrío. Así, en la cábala, Dios es llamado *Ha-Makom*, que significa El Omnipresente, o el Lugar. En el texto rabínico, "Él es el Lugar del Mundo, pero el Mundo no es Su Lugar". Se trata de una paradoja Divina, en la que lo Divino está a la vez ausente y presente, no solo en el vacío, sino también en la Creación resultante.

Dios es conocido como el "Más Oculto de todos los Ocultos" en el Zohar. Etimológicamente, Olam está relacionado con la palabra Ha'elem, que significa "ocultación". Es cada oscurecimiento resultante lo que ayuda a crear los muy diferentes niveles del reino o mundo espiritual a través de la mediación de las sefirot. Así es como surgen los cinco mundos comprensivos. Los reinos superiores son una representación de la revelación más profunda del Ohr, la Luz Divina, estando más cerca de la fuente de su ser. Los reinos inferiores pueden recibir el flujo creativo de la fuente, pero solo hasta cierto punto. Piense en los mundos como las prendas con las que se viste el Ein Sof. El jasidismo dice que debemos pensar en su realidad en términos de Creación, mientras que el Infinito llena todo por igual desde arriba.

Aunque hay sefirot a cargo de cada reino, el quinto mundo, el Adam Kadmon primordial, está diferenciado por su naturaleza trascendente. Puede encontrar los nombres de los otros cuatro mundos en la Biblia, en el libro de Isaías, capítulo 43, versículo 7: "Todo el que es llamado por Mi nombre y por Mi gloria (siendo el Atziluth, que es la Cercanía o Emanación), lo he creado (Beriah, que significa creación), lo he formado (Yetzirah, que significa formación), incluso lo he hecho (Asiyah, que significa acción) después de Asiya es el más bajo de los mundos espirituales, el Asiyah-Gashmi, o el Asiyah Físico, que es nuestro Mundo Físico". Este mundo es el que cubre la última de las emanaciones de las sefirot, el Yesod y el Maljut. En conjunto, los cuatro mundos se conocen como **ABiYA**, basándose en sus letras iniciales. Cada mundo tiene su papel en el proceso de creación y sirve como encarnación de las diversas dimensiones de la conciencia o de la concienciación en la experiencia de la vida.

Sobre la enumeración

Ohr Mimalei Kol Olmin es la luz creativa y Divina que llena cada mundo, es responsable de la creación de todos los mundos. Llena cada mundo con tanta luz como puede permitir. Todas las 10 sefirot, y sus 12 partzufim o personae (caras, configuraciones o formas, si lo prefiere), hacen que su luz se manifieste en todos los mundos excepto en Adam Kadmon, por ahora. También son mucho más evidentes cuando se trata de la manifestación de la Divinidad.

Todos los partzufim se conectan, según la cábala luriana. Lo sublime está envuelto por los niveles inferiores de la existencia, ocultos como el alma. Sin embargo, cada mundo está dominado por partzufim y sefirot muy específicos.

- Adam Kadmon, que significa el Hombre Primordial. El Yosher, que es la configuración vertical de las sefirot, se denota con Adam, que es una metáfora antropomórfica. Esta sefirot adopta la forma aún no manifestada del Hombre. Kadmon se refiere al "primario de todos los primarios", siendo la primera y más prístina de las emanaciones, que todavía está conectada con Ein Sof. Adam Kadmon es del reino de Kéter Elyon, o la Corona Suprema de la Voluntad, que posee la luz luminosa y lúcida llamada tzachtzachot. Es el sefirot lúcido, puro y oculto en cuanto a su potencial. Tiene en su interior el surgimiento futuro de la Creación. Esta es la Luz Divina que no tiene recipientes y es la manifestación del plan Divino de la Existencia, dentro del contexto de la Creación, que es muy preciso. De la misma manera, el Kéter es visto como la sefirot primordial, el Adam Kadmon es visto como estando por encima de todos los otros

mundos, tanto que la referencia solo se hace de los cuatro mundos, y no del Adam Kadmon mismo.
- Atziluth significa mundo de la emanación. También significa "cerca". Encontrará que el Ohr Ein Sof sigue brillando y está todavía muy conectado con su fuente en este mundo. Con esta revelación más excelsa, las emanaciones divinas y las almas están impedidas de percibir su propia existencia en Atziluth. Aquí, es con la revelación que surgen las 10 sefirot. Domina la Jojmá (sabiduría); todo anula la esencia o Bittul HaEtzem en relación con la Divinidad y no se considera separado y creado. Maljut, la última de las sefirá, representa el discurso Divino en el capítulo 1 del Génesis de la Santa Biblia, que es el sustento de los mundos inferiores.
- Beri'ah es el mundo de la creación. Este es el nivel con el concepto primordial de creación de la nada, o *creatio ex nihilo*. La creación aquí es todavía sin forma o figura. Las creaciones saben de su ser o existencia, aunque en la anulación de la existencia o ser a la Divinidad o Bittul HaMetzius. Este mundo es el del Trono Divino, que muestra la forma de las sefirot de Atziluth bajando a Beri'ah como un rey sobre un trono. El entendimiento, o la sefirá Biná es dominante aquí. Se puede llamar a esto intelecto Divino o el Jardín del Edén Superior.
- La Yetzirah se conoce como el mundo de la formación. Es el nivel en el que se da forma y figura a lo que se crea. Yesod y Chesed, ambas sefirot emocionales, son dominantes en este mundo. Todos los ángeles de Yetzirah y todas las almas se dedican a la verdadera adoración en forma de esfuerzo y emoción divina. Conocen la distancia que les separa de la verdadera comprensión de Beri'ah. La vitalidad Divina se canaliza a través del descenso y ascenso a través de los reinos, lo que sirve al propósito Divino.

- Asiyah es el mundo de la acción. Es la finalización de la creación, gracias a la naturaleza oculta de la vitalidad Divina. Todavía se considera espiritual. Los ángeles aquí son activos, y Maljut es la sefirá reinante. Abajo, Asiyah es la Asiyah física conocida como Asiyah Gashmi, el más bajo de todos los mundos, el universo material en el que vivimos.

Los cuatro mundos son del espíritu, y forman una larga cadena que desciende. La cábala es un estudio de lo metafísico. El Ohr es simplemente una representación de la emanación Divina, mientras que las palabras "inferior" y "superior" explican la distancia de cada mundo con respecto a la revelación y la conciencia divina.

Capítulo 4: Ángeles, astrología y otros conceptos

Ha oído hablar del concepto de karma en el hinduismo. Es similar al de la cábala. El karma se refiere a la retribución del bien y del mal. Cualquier cosa que haga, buena o mala, debe volver a usted ya sea en la vida presente o en una futura.

Los ángeles son difíciles de comprender para nosotros los humanos. Lo que sabemos de ellos proviene de la tradición, no de nuestras percepciones reales. La cábala nos muestra que, desde el principio de los tiempos, siempre ha habido personas con mayor conciencia que los demás y que están en sintonía con los planos superiores de conciencia, por lo que pueden percibir lo que está más allá de la conciencia humana normal. Estas son las personas que ayudan a todos los demás a conocer lo desconocido.

Como ya hemos dicho, toda la vida está hecha de cuatro mundos, que existen en diferentes dimensiones, no en diferentes lugares. Los cuatro mundos están entrelazados. Nosotros estamos aquí en el mundo de la acción, mientras que los ángeles están en el mundo de la formación, justo encima de nuestro mundo.

En la filosofía cabalística, los ángeles no tienen alas. No son los gentiles querubines que se ven pintados en los murales de las iglesias. Son unas de las criaturas más temibles, feroces y fogosas que existen.

Creando un ángel

En hebreo, la palabra *malaj* significa ángel o mensajero. Mientras que nosotros vivimos en el mundo de la acción y tenemos nuestro libre albedrío, los ángeles no tienen este libre albedrío. El ángel es un mensajero, y cada ángel tiene una tarea o naturaleza muy precisa. La cábala nos enseña que hay dos tipos de ángeles:

- Los ángeles creados por Dios, que Dios creó para actuar en una capacidad muy específica. Por ejemplo, está el Ángel de la Muerte llamado Malaj Hamavet, cuyo trabajo es ir al mundo de la acción y separar un alma de su cuerpo.
- Los ángeles creados por el hombre también se llaman cargas espirituales. Las cargas espirituales se crean cuando pensamos, actuamos, sentimos, hablamos y soñamos. Los ángeles están vivos y son inseparables de su alma.

En la cábala, tiene los ángeles malos y los buenos. Los ángeles malos se crean a partir de una carga espiritual negativa, como una palabra de ira. No hay nada malo en la ira, siempre que se canalice correctamente. Hay momentos en los que es apropiada y otros en los que no lo es. Lo mismo ocurre con la emoción del amor. A veces la carga espiritual de amor, y el ángel resultante, se canalizan adecuadamente hacia la causa correcta, y a veces no.

Cuando muere, el cuerpo y el alma se separan el uno del otro. Su cuerpo se va a la tierra. Su alma eterna continúa, y en ella están todos los ángeles malos y los ángeles buenos creados por ella a lo largo de su existencia. Por lo tanto, cuando cambia de rumbo o se convierte en una mejor persona en la vida, este cambio también afectará a los ángeles malos.

El proceso de cambio se conoce como *teshuvá*. Es la expresión de la creatividad y el libre albedrío. Cuando hace algo de lo que se arrepiente profundamente, Ein Sof le da la oportunidad de redimirse y cambiar para mejor. El concepto cabalístico de la teshuvá aclara que puede cambiar su pasado. Puede parecerle que el tiempo es lineal, pero solo existe el eterno ahora, por lo que la teshuvá le permite espiritualmente hacer presente el pasado y cambiar lo que quiera.

Por supuesto, no puede rebobinar el reloj físicamente, hablando en sentido figurado. No puede volver atrás y deshacer el daño que ha hecho a otro, pero a través de la teshuvá, puede aprender del error de sus actos y crecer debido al arrepentimiento que siente por haber elegido su acción equivocada. Esto le inspira a cambiar para mejor. Así es como se pasa de ser negativo a positivo. La teshuvá debe ser genuina para que se produzca un cambio real. Cuando es auténtica, sus pecados y defectos le ayudan a convertirse en una persona mejor.

A lo largo de la historia, los cabalistas siempre han sabido que cuando hace algo malo, y luego, por su propia voluntad, decide hacerlo mejor desde un sincero deseo de ser mejor, entonces es aún más grande que un santo. Esta es la verdad porque siempre estamos creando todo tipo de ángeles. Si ha hecho el mal demasiadas veces para contarlas, ha creado muchos ángeles malos, pero si se dedica a la teshuvá sincera, todos los ángeles malos adheridos a su alma como parásitos se convertirán en buenos.

Entonces, cuando ha sido un pecador a lo largo de su vida y elige enmendar sus caminos, tiene todo un ejército de ángeles nuevos y positivos, y puede convertirse en una gran fuerza del bien en el mundo. Si siempre hubiese sido un santo, entonces no tendría tantos ángeles malos para transformar en buenos, y así su impacto no sería tanto.

En cualquier caso, hay que tener cuidado de no tratar de utilizar el concepto de teshuvá de forma solapada. Algunos cabalistas intentaron esto en el pasado haciendo deliberadamente lo malo y luego dando la vuelta para dar una muestra de arrepentimiento después de sus malas acciones. No se puede engañar al Ein Sof. Conoce todos sus pensamientos y todos sus caminos. Asumir que se puede engañar a la divinidad es similar a ser el niño que niega con vehemencia haber comido el último trozo de pastel de chocolate, incluso cuando está untado en su cara.

Astrología y cábala

Mientras que en la astrología su carta astral es un mapa de su vida, la cábala sirve como un mapa que le muestra todo lo que necesita saber sobre el cosmos y la conciencia misma. El alfabeto hebreo consta de 22 letras, que están relacionadas con los arcanos mayores del Tarot, que también son 22. Las 22 letras se dividen en tres grupos distintos:

- 12 letras, que representan los 12 meses de un año, o los 12 signos del Zodiaco
- Siete cartas dobles que representan los siete planetas visibles
- Tres letras madre que representan los elementos clásicos, Agua, Aire y Fuego. El elemento Tierra es omnipresente, encarna todas las cosas, por lo que no se menciona, y tampoco falta.

Los cuatro mundos también están relacionados con los cuatro elementos

- Atziluth, el reino divino o plano espiritual, representa el elemento fuego.
- Beri'ah, el reino intelectual o plano mental, representa el elemento aire.
- Yetzirah, el reino psicológico o plano emocional, representa el elemento agua.
- Asiyah, el reino material o el plano físico, representa el elemento tierra.

Las 10 sefirot o cualidades de Ein Sof están conectadas por las 22 letras del hebreo. Cada sefirá también está conectada a un planeta y tiene su cualidad. Además, también están conectadas con los Diez Mandamientos, además de tener su ángel asignado. Puede considerar el árbol de la vida como un mapa de su cuerpo y su conciencia como un todo. Veamos la conexión entre cada sefirá y el cuerpo, así como su cualidad.

La mitad superior del cuerpo
Kéter: Cráneo o Corona

- Jojmá representa el cerebro derecho o la sabiduría. Tiene las cualidades de Urano, y la inspiración como un rayo.
- Biná representa el cerebro izquierdo o el entendimiento. Tiene las mismas cualidades que Saturno, sirviendo como límite o contenedor o sosteniendo la forma de una cosa.
- Dáat representa el cerebro central o el conocimiento. Se trata de lo incognoscible o del gran Misterio.

Brazos

- Chesed: Es el brazo derecho y es la cualidad de la bondad. También tiene las propiedades de Neptuno y Júpiter en términos de expansión e ilimitación.
- Geburáh: Es el brazo izquierdo y la severidad. Tiene las cualidades de Marte en términos de enfoque, dirección y acción.

Torso

- Tiféret: Es el torso y la representación de la belleza. Es el corazón. Tiene las cualidades de la conciencia egocéntrica, el resplandor y el sol.

Piernas

- Netsaj: Es la pierna derecha y el riñón derecho. Representa la victoria. También es un símbolo de Venus y tiene la cualidad de la autoestima fundada en el amor.

- Hod: Es la pierna izquierda y el riñón izquierdo. Representa la gloria. Su planeta es Mercurio y tiene la cualidad del orden y el pensamiento lógico.

Finalmente, tiene

- Yesod: Es la base de su órgano sexual. Es de la Luna, demostrando la atracción magnética.
- Maljut: Esto representa sus pies y su boca. Simboliza la Tierra y es la encarnación de todo lo que existe en el mundo terrestre. Fomenta una base sólida.

Las letras madre

Hay muchas maneras de recorrer el árbol de la vida. Sin embargo, siempre hay que conocer la más elemental de las energías que se encuentran en las letras madre:

- Álef
- Shin
- Mem

Estos son los elementales, que aparecen en el árbol de la vida como ramas horizontales. Las ramas verticales son una representación de los 7 plantadores vistos, y las 12 ramas diagonales son los 12 meses de un año.

Álef tiene su morada entre los hombros y justo en el espacio del corazón. Álef no tiene un sonido inherente. Es más bien un "ah", silencioso, como una suave exhalación. Es la primera letra, por lo que a menudo se utiliza como semilla o para comenzar una secuencia de rituales o acciones.

Con el álef, la conciencia y el enfoque se llevan a la caja torácica, al espacio donde se encuentra el corazón. Aquí hay un ejercicio para usted:

1. Primero, mueva su conciencia al espacio de su corazón.
2. Va a hacer tres respiraciones agradables y profundas. Inhale.

3. Ahora, exhale tan silenciosamente como pueda con un sonido "ahhhhh" muy sutil.

4. Repita hasta que haya hecho tres respiraciones. Haga una práctica de esto, diariamente.

La letra álef, y el sutil sonido, están conectados con el elemento aire. Álef simboliza el punto de equilibrio entre el agua y el fuego. Es la chispa creativa de la vida misma.

Mem es la letra que habita en su cuerpo, en la pelvis, justo entre las caderas. Mem es el comienzo de la palabra "agua" en hebreo y se refiere al mar de la conciencia, y a *"maggid"*, que es "ángel" en hebreo. Facilita la conexión con sus guías y maestros espirituales.

Para el ejercicio

1. Primero, mueva su conciencia hacia la pelvis y las caderas.

2. Ahora, tomará tres respiraciones profundas y agradables. Inhale.

3. Exhale con entusiasmo mientras hace el sonido "mmmmm". Mem, y este sonido está ligado al reino del agua y permite la conexión con su cuerpo emocional.

Shin habita en su cabeza. Lo encuentra justo entre su cerebro izquierdo y derecho. Shin inicia las palabras para la paz (shalom), el descanso (sabbat) y el año que representa la plenitud (shanna). Esta letra, y su sonido, está ligada al elemento fuego. Puede utilizar Shin para la integración y la transformación. Es una herramienta eficaz para cuando medita con la intención de reunir una variedad de perspectivas o cosas.

Este es otro ejercicio

1. Primero, mueva su conciencia al centro de su cabeza.

2. Ahora, tomará tres respiraciones profundas y suaves, inhalando y exhalando. Inhale.

3. Exhale con el sonido "shhhhhh". Shin une la parte izquierda y la derecha. Une la fluidez con la lógica.

4. Deje que su cuerpo se relaje aún más; todos los canales entre ambos lados pueden conectarse en un circuito divino que trae paz e integración.

El proceso de curación de la inmanencia

Con la curación de la inmanencia, usted, como sanador cabalístico, visualizará la raíz del árbol de la vida en el ojo de su mente, que es el elemento de la tierra, que no tiene luz desde su interior, sino que simplemente sirve como un espacio que sostiene la gravedad, el centro y la conciencia".

En este proceso de curación, como sanador, se convertirá en la encarnación o lugar de retención de la conciencia, recordando que lo divino lo abarca todo. No hay ningún lugar en el que Ein Sof no esté. No tiene ninguna meta y, por lo tanto, ningún lugar al que tenga que ir. No está en el negocio de tratar de superar o trascender lo que está experimentando ahora solo porque siente que hay un lugar mucho mejor que donde está en el aquí y ahora, porque la divinidad está en todas las cosas, y en todos los lugares, haciéndolo todo aquí, ahora.

Como astrólogo cabalista, quiere trabajar con la cábala como el marco en el que cuelga todas sus ideas y el lugar de partida de sus exploraciones. Cábala significa "recibir", y como tal, debe recibir lo que ya está dentro de su persona. Todo es divino, incluso en la carta. No hay nada roto, y por lo tanto no hay nada que necesite ser arreglado. Todos, todo y todas las personas, simplemente nos ofrecen la oportunidad de ver lo divino de otra forma y reflejarlo a todos los demás.

Capítulo 5: El Ohr Ein Sof

Como ya he mencionado, Ohr significa "luz" en hebreo. La forma plural de Ohr es Ohrot u Orhos. Ohr es una idea central en la cábala mística judía. La luz física representa la luz de las emanaciones espirituales y divinas, infinitas.

En la cábala, la palabra Shefa, que significa "flujo", y Hashpoah, su derivado, que significa "influencia", se utilizan indistintamente. Esto también se refiere a la Influencia divina. En lugar de este término, los cabalistas prefieren la palabra Ohr porque su valor numérico es el mismo que Raz, que significa "misterio". Es una de las dos principales metáforas que existen en la cábala para arrojar luz sobre todo lo que es la divinidad, junto con la otra metáfora, las sefirot, que representan la conexión entre el alma y el cuerpo del ser humano.

Hay cualidades sorprendentes que dan lugar a la metáfora, que describe la esencia del flujo divino, espiritual y creativo, visto a través de la representación de esta luz como la misma que se percibe con los ojos físicos. Estas cualidades incluyen la naturaleza intangible y a la vez visible de la luz, el deleite que aporta al alma y la iluminación y sabiduría que aporta a la mente, y la rapidez con la que se transmite a través del espacio y cómo permanece constantemente conectada a su fuente.

Otras cualidades del Ohr son que puede reflejarse o encubrirse como en el tzimtzum, o las constricciones que se encuentran en la cábala. Se puede dividir la luz blanca en 7 colores, pero todos estos colores provienen de una sola fuente. De la misma manera, la luz de la Divinidad se divide en las 7 sefirot, pero su esencia Divina sigue siendo la Única. En la cábala, a menudo se encontrará la palabra Ohr puesta en contraste con Ma'Ohr, que significa "luminaria", y el recipiente espiritual o divino que lleva la luz.

Lo que pasa con las metáforas es que tienen límites a los que se pueden aplicar en la representación adecuada de los conceptos, pero no nos queda otra opción en el asunto de la comprensión de la divinidad que utilizar los conceptos en el espacio y el tiempo con los que estamos familiarizados aquí en la Tierra, pero cuando comenzamos a entender lo que significan los conceptos cabalísticos y los misterios, entonces como cabalistas, debemos ir más allá de las meras metáforas.

Por ejemplo, en la Tierra, podemos retener la luz. Basta con pulsar un interruptor y ¡voilà! La luz se va, pero eso no es lo mismo con lo divino. Lo que es luminoso no puede retener su luz radiante. Además, la luz física no da un propósito en todos los casos, y también, está el asunto de las muchas diferencias entre la fuente, y su luz porque la Creación fue una cosa que ocurrió naturalmente debido a la Voluntad Divina de Dios, y no porque fue obligada o impulsada. A los ojos de Dios, la diferencia entre el Ein Sof o la Fuente Divina y el Ohr Ein Sof, o la Luz Infinita, y todas las 10 emanaciones de las sefirot es todo relativo a lo que es Creado.

Se puede saber cuál es el punto de vista de Dios por la Escritura que dice: "Porque Yo, el Eterno, no he cambiado". Esto significa que, a su misma fuente, todas las emanaciones están anuladas y unidas. Naturalmente, esto debería obligar a considerar el asunto del dualismo en la cábala. La anulación de estas emanaciones se conoce como *Bittul,* y esto inspira al cabalista día tras día en su vida espiritual a contemplar el asunto de la anulación del ego en el acto de humildad mística.

La luz infinita

Ein Sof significa "ilimitado", o "Infinito", o "sin fin". En cábala, es la esencia divina, de la cual las sefirot o atributos divinos se derraman para dar a conocer lo incognoscible a lo creado y para permitir el flujo continuo de la fuerza vital a uno y a todos.

Pero entienda que hay una diferencia entre las formas de Ohr Ein Sof (las formas de la luz de Ein Sof) y la fuente real o esencia divina de esa luz, también conocida como la luminaria. De nuevo, esto no hace que la cábala sea panteísta. Todos son lo mismo. Este es el misterio del dualismo.

Además de las diez luces de Dios, que brillan a través de las sefirot, la cábala también explica que hay una luz aún más primordial, que brilla directamente desde el propio Ein Sof. Esta es la Luz Infinita, el Ohr Ein Sof. Una pregunta que ha plagado a muchos durante mucho tiempo es cómo es posible que Dios se haya revelado en el Ohr Ein Sof mucho antes de la creación real. No tiene sentido. Un gobernante solo es un gobernante si hay quienes puede gobernar. Para aclarar esto, solo hay que saber que el Ohr Ein Sof, su núcleo mismo es todo el autoconocimiento Divino. Es Dios, el creador, conociéndose a sí mismo. A través de este autoconocimiento divino, creó todas las cosas, explícitamente para cumplir la voluntad divina.

Tzimtzum

El Ohr Ein Sof es infinito. Todas las creaciones que han llegado a ser a través de la luz divina son igualmente infinitas. Sin embargo, no serían creaciones propiamente dichas porque todavía están anuladas en su totalidad (Bittul) a la luz divina, infinita, y como tal, no pueden ser autoconscientes.

La única manera de que el despliegue de los mundos pueda ocurrir es a través de las restricciones de las sefirot, y la cadena de progresión descendente conocida como seder hishtalshelus. Como parte de este seder hishtalshelus, desde lo que es divino e infinito hasta lo que es mortal y finito, la luz divina, creativa en su flujo, encarnada por las sefirot, pasa por infinitas restricciones, velos y disminuciones, todo para ocultar progresivamente lo que es divino. En cábala, estas restricciones o constricciones se conocen como Tzimtzum (forma plural, "tzimtzumim").

Hay que considerar el impacto de las doctrinas y enseñanzas del Arizal, Isaac Luria. Según la cábala luriana, todos los tzimtzumim del seder hishtalshelus se conocen como el Segundo Tzimtzum. Luria también enseñó sobre el Primer Tzimtzum basado en el Zohar, haciendo que la cábala luriana se convirtiera casi en el estándar en cuanto al desarrollo cabalístico. Cuando se usa tzimtzum sin una calificación específica, se refiere al primer tzimtzum, la última constricción cósmica que Luria enseñó.

Entonces, al comienzo de la creación, Ein Sof se alejó o se retiró, haciendo un tzimtzum completo. La retirada de Dios de esta manera es simplemente Ein Sof ocultándose de la perspectiva de la Creación, y esto se aplica solo al Ohr Ein Sof, y no a Ein Sof en sí mismo. Así, el Infinito se retiró de un espacio vacante o chalal, para que la creación pudiera ocurrir, y así es como la dicotomía entre el potencial para crear mundos finitos y la Luz Infinita fue finalmente resuelta.

Si el Ohr Ein Sof no diera un salto tan gigantesco al ocultarse, incluso a pesar de los ocultamientos graduales que ocurren en el seder hishtalshelus, este problema no se habría resuelto. Por lo tanto, hubo necesidad de una segunda luz, una nueva, disminuida en comparación con la original, y de una luminiscencia diferente a la del Ohr Ein Sof original. Esta nueva luz se llama el Rayo, o el Kav, que brilla en el chalal (espacio vacío) y crea para coincidir con la perspectiva de todas las demás creaciones de una manera que les resultaba relacionable. Así, el Rayo podía relacionarse con lo creado a través de la inmanencia divina, en lugar de la trascendencia divina de la luz infinita y primordial. Esta luz abarca o rodea cada nivel de la creación inmanente.

Vasijas y luces - Keilim y Ohrot

Cada sefirot comprende un oh o luz, que está en una vasija, o kli, forma plural kelim. Esta luz es indiferenciada y tan simple como puede serlo, y proviene de la luz infinita del propio Ein Sof. En este mundo, simboliza la revelación divina y está conectada con Ban, un nombre divino de la cábala. La única diferencia entre las sefirot es que cada una tiene su vasija espiritual, y la luz se adapta a la estructura de cada vasija para mostrar su naturaleza única.

La revelación en el Monte Sinaí comprende la Torá Oral, que incluye la cábala. Cada verso se interpreta con la cábala metafísica y la filosofía jasídica. Juntos, se crea el nivel secreto de Sod. Según la cábala, hay una segunda en el contexto de las leyes del Talmud para la palabra "recipiente" o kli. En el contexto de la Halajá, las vasijas son objetos muy útiles, aunque ni siquiera parezcan un recipiente físico real. El término se utiliza a menudo cuando se habla de las leyes del sabbat. Dentro del misticismo judío, por lo general, todas las narraciones de este tipo se interpretan metafísicamente, vinculando a Kli con su significado propio en la cábala. En la filosofía jasídica, la combinación de los cuatro significados es vista como la vinculación de una fuente fundacional superior de la explicación divina, que describe adecuadamente la divinidad. Según el misticismo judío, estos puntos de vista son simplemente espirituales, significados alternativos derivados de la Torá, siendo su fuente más de los planos conocidos en la Cadena de Mundos.

La anulación de las creaciones y emanaciones en la luz divina

En términos generales, el Ohr es la expresión y la revelación de todos los niveles espirituales que descienden de ese mismo nivel y se envuelven en Kli. Por lo general, el Ohr se encuentra en el estado de anulación, también conocido como Bittul, a través del nivel del cual se origina el Ohr. Por lo tanto, cuando el Ohr llega a los mundos inferiores, tiene la característica de huir o Ratzo, que es la necesidad, el anhelo de subir y volver a la propia fuente. Kli anima al Ohr a ir aún más abajo haciéndole comprender que el Shuv o "retorno" es necesario para que se realice la última voluntad divina.

El objetivo de la creación no fue simplemente para los reinos espirituales superiores. Cuando se ve junto con el Win Sof, todas las grandes revelaciones de la divinidad son ocultas y no se pueden comparar. Más bien, el propósito principal de la Creación, según la cábala, es para el reino más bajo, que es donde usted y yo residimos. La voluntad divina es esta: Tener un lugar para morar en este reino hecho por el hombre. Esto sucederá en la Era Mesiánica. En los reinos espirituales superiores en la cadena de mundos o seder hishtalshelus, todos los ángeles y almas conocen esta voluntad divina, y son impulsados por la necesidad de canalizar el flujo divino hacia abajo en la cadena. Así que, aunque Shuv es una especie de exilio, con la luz siendo impulsada hacia abajo en la vasija, sigue siendo el propósito final de la Creación.

Ratzo y Shuv son palabras que surgen de la descripción de los ángeles en la visión de Ezequiel, que se encuentra en la Biblia (Ezequiel, capítulo 1, versículos 4 a 26) cuando presenció con sus propios ojos la Merkavah o carro divino y los ángeles "corrieron y volvieron".

Así, mientras los ángeles anhelaban volver a Dios, regresaron a sus deberes en su puesto para cumplir con su propósito. Incluso en nuestra vida diaria, no deseamos más que el acto de unirnos a Dios o dveikus, pero luego nos damos cuenta de que debemos retomar el trabajo de cumplir con nuestras tareas. Aquí, su alma es el Ohr, y su cuerpo es el kli donde el alma ha sido exiliada temporalmente.

Tanto el hombre como los ángeles pasan por la atracción del ratzo y el shuv, y lo mismo ocurre con las propias emanaciones. Seder Hishtalshelus es el descendiente continuo en una cadena desde lo que es infinito hasta nuestro reino. En cada reino brilla la luz de las 10 sefirot, cada mundo sale de lo precioso, y la más baja de las sefirot es la Maljut (que significa "realeza" y el cumplimiento del propósito último de la realidad) que marcha para convertirse en la sefirá más alta del siguiente, que es Kéter (que significa corona, o la voluntad divina del plan de ese mundo). En cada mundo, la cadena espiritual continúa por las 10 sefirot, y la luz de cada una de ellas da a luz a la sefirá siguiente e inferior.

Ohr y Ma'Ohr

El Ohr (la Luz) viene del Ma'Ohr (la Luminaria), que es la fuente. En la tradición, el mashal (o parábola) que explica la relación entre ambos dice que es similar a la relación entre el sol en el cielo y la luz que emite. Sin embargo, técnicamente, la luz del sol no es la mejor de las metáforas para el Ohr, porque la luz ha atravesado el nartik, o un escudo o cubierta, que naturalmente disminuye la intensidad de la luz del sol. El Ohr en el mashal del sol es la luz del sol dentro del sol. La luz que nos llega aquí en la tierra desde el sol ya está disminuida en brillo, y por lo tanto no tiene el Bittul o anulación que tiene el Ohr sobre su origen. En cambio, dentro de este contexto, el Ohr limitado por la nartik se conoce como Ohr HaNartik, que significa la luz de la envoltura, ya que no proviene de la nartik, y la luz ya está limitada porque no se conecta con su fuente.

Dentro de la cábala, el nivel Ma'Ohr está simbolizado por el nombre superior de Dios en hebreo, el Tetragrammaton, y el Ohr que revela ese nivel. En la misma línea, el nombre amante de Dios, Elokim (con la "k" sustituyendo a la "h" en una muestra de deferencia para evitar escribir el nombre de Dios), es lo que simboliza el nartik, así como el Ohr HaNartik. Por esa razón, no tiene un alto nivel de anulación, lo que le permite esculpir los mundos. Si la luz del Tetragrammaton pudiera crear los mundos, entonces los mundos no tendrían su autoconciencia e independencia. La divinidad, al revelarse, los tendría anulados en su fuente, como la luz del sol dentro del sol.

Hay dos niveles de la unidad divina, y ambas perspectivas son verdaderas. Desde el punto de vista de Dios, cuando se compara con la infinidad divina, que es siempre inmutable, toda la creación no existe. Este es el principio del acosmismo, donde la realidad del universo es falsa porque todas las cosas son, en su forma más verdadera, nada más que ilusorias, y lo único real es el absoluto inmanifestado e infinito. Esto está simbolizado por un Bittul superior, Bittul Hametsiyas, o "anulación de la esencia" de la luz del sol en el kli del propio sol. Esto se conoce como la unidad divina superior.

La unidad divina inferior, por otra parte, describe la unidad de Dios desde la perspectiva del yo ilusorio e independiente de toda la creación, porque la creación no existe, sino que sigue dependiendo de la obtención de la fuerza vital divina que sigue insuflando vida en ella, trayéndola a la existencia desde la nada. Nuestra necesidad y completa dependencia de la luz creativa Divina para nuestra existencia están ocultas en nuestro reino. Se revela dentro de los reinos espirituales, sin embargo, incluso ellos carecen de Bittul real, ya que los ángeles y las almas en estos reinos también son conscientes de sí mismos mientras se anulan a Ein Sof.

Este es el Bittul inferior, llamado Bittul Hayesh, o anulación del ego, simbolizado por la luz de las velas en un día soleado. Dentro de la cadena de los cuatro mundos, Atziluth no se considera una creación, sino la emanación de la divinidad suprema. Tiene los rasgos de la anulación superior de la Esencia. Los siguientes reinos inferiores, Beri'ah, Yetzirah y Asiyah, son todos reinos creados, ya que solo tienen varios niveles del Bittul inferior.

Es por esta razón, la aclaración de los diferentes significados de los nombres hebreos de Dios, Elokim y Tetragrammaton, que la inmanencia Divina o Elokim es a menudo utilizada globalmente cuando se habla de la creación al comienzo del Génesis, con la repetición continua de las frases para cada día de la creación, "Y Dios (Elokim) dijo...".

En la cábala, los siete días de la creación son una metáfora de las siete revelaciones emocionales de las sefirot; cada una se llama "día". Los dichos hebreos se amplían en la cábala como los canales de creación de las sefirot que ponen en marcha la creación. Solo después de la primera explicación de la creación en el Génesis, se utiliza el nombre divino Tetragrammaton, concretamente en la segunda narración del relato de la creación. Así, los nombres se combinan, ya que ambos participan activamente en el proceso de la creación. Después, cuando la divinidad habla con Moisés, es el Tetragrammaton el que se utiliza.

Las explicaciones jasídicas y cabalísticas dejan claro que la capacidad de tomar nada y hacer algo de ello (algo de la nada, o ex nihilo) es un rasgo solo de la esencia divina o Ein Sof mismo, y este es el Tetragrammaton. Sin embargo, la luz necesaria para traer todo a la existencia debe ser restringida por el nombre Elokim, y esto es lo que cubre el segundo relato de la creación en el Génesis.

Luz envolvente o trascendente y luz envolvente o interior

Mimalei significa "llenar", mientras que sovev significa "rodear". Estos adjetivos y sus asociaciones geométricas son fuertemente metafóricos. Según la cábala, hay dos tipos de luz que brotan en la creación. Una es la Sovev Kol Olmin, que significa Rodeando todos los mundos. Esta luz es de trascendencia y tiene su fuente y raíces en el Ohr Ein Sof, teniendo prioridad sobre el tzimtzum de la cábala luriana. Desciende a través de la cadena de mundos y representa la trascendencia divina presente en cada nivel.

El Sovev Kol Olmim puede revelarse en un milagro o bendición más allá de las limitaciones y vasijas de su reino. Todas las almas en su forma más verdadera trascienden el cuerpo físico y todos los mundos. Del mismo modo, como el Zohar nos dice que Dios es completamente uno con su Torá, la Torá es también por defecto trascendente en cada reino, y cada reino estudia la Torá según su nivel de comprensión.

Luego está la luz conocida como Mimalei Koi Olmin, que significa "llenar todos los mundos". Esta luz es de inmanencia divina, y sus raíces están en el Kav o el primer "Rayo" de luz que viene después del tzimtzum de la cábala luriana. Esta luz desciende inmanentemente a todos los niveles de la cadena de mundos, y es esta misma luz la responsable de la creación de todas las vasijas en todos los mundos, físicos y espirituales. Pasa por demasiadas contracciones y ocultaciones de los segundos tzimtzumim como para contarlas. Según el jasidismo, esta luz inferior es de una inmensa ventaja, ya que todo el objetivo de la creación está en el más bajo de los reinos. Por ello, el jasidismo se centra en utilizar y transformar místicamente todo lo físico en lo espiritual mediante la adhesión a Dios.

Luz descendente o directa, y luz ascendente o reflejada

La luz directa es una emanación divina que viene directamente "de arriba". Se llama "una excitación de arriba" o "aguas masculinas" en la cábala, extrapolada de la Biblia en el libro del Génesis, capítulo 1, versículos 6 a 8, donde las aguas inferiores y superiores fueron mostradas así:

Y Dios dijo: "6Que haya un firmamento en medio de las aguas

y que divida las aguas de las aguas".

7Y Dios hizo el firmamento

y dividió las aguas que estaban debajo del firmamento

de las aguas que estaban sobre el firmamento; y fue así.

8Y llamó Dios al firmamento Cielo.

Y la tarde y la mañana fueron los segundos días.

Las aguas masculinas que descienden expresan la bondad, o la sefirá de Chesed, que es conocida por dar siempre bendiciones divinas ilimitadas, sin detenerse a pensar si esta vasija creada es digna de tal bondad. Para equilibrar Chesed, tiene la sefirá de juicio Geburáh, que evalúa la capacidad y el valor de cada vasija y mide o retiene las bendiciones en consecuencia.

El descenso de la luz directa se produce en respuesta al ascenso de la luz reflejada, que se encuentra debajo, también llamada "aguas femeninas", o "el despertar de abajo". Esta es la iluminación del espíritu, que creamos a través de las mitzvot rituales o éticas o las prácticas judías. La cábala puede ofrecer la más radical de las explicaciones teosóficas del cosmos a la luz del judaísmo, pero sigue siendo conservadora.

Las ideas metafísicas de la cábala prestan pleno apoyo a todas las observancias judías. La cábala luriana enseña sobre el poder cósmico de cada ser humano para afectar al plan divino de la creación e incluso corregirlo cuando sea necesario. Para superar todas las formas de idolatría u observar el Tikkun olam, la cábala luriana aboga por que cada uno de nosotros haga lo mejor posible para desempeñar su papel único en la creación a través de las mitzvot, y los cambios que buscamos ocurrirán si somos conscientes de los significados más profundos de las prácticas.

La ascensión de las aguas femeninas causa gran alegría y deleite en los cuatro mundos, y conduce directamente a que la Divinidad responda de la misma manera, dando su luz descendente y bendición en las aguas masculinas. Esta explicación cabalística da la estructura de la recompensa y el castigo de la creencia judía.

Capítulo 6: Los cinco niveles del alma y el género en la cábala

Algunos cabalistas dicen que solo hay tres niveles del alma, mientras que otros dicen que hay cinco. Cada nivel tiene su nombre, y simboliza los aspectos de nuestras almas Divinas. Ahora vamos a ver cada uno en detalle.

Néfesh

Este es el nivel más básico y más bajo del alma. A veces, "néfesh" se utiliza para describir el alma cuando se habla del alma en general. Néfesh es lo que anima toda la realidad, y es lo que da a nuestros cuerpos la capacidad de reproducirse y moverse. Es nuestra fuerza vital. El mundo de la acción se corresponde con este nivel del alma. Los que viven en el nivel de néfesh comparten su mundo con los animales. Se mueven. Están vivos.

Ruaj

Este es el segundo nivel del alma. Ruaj suele traducirse como "espíritu". El mundo de las emociones y las formaciones coincide con el nivel de ruaj del alma. Los seres que viven en el nivel de ruaj son más que vivos. Experimentan toda la gama de emociones que nos hacen humanos, incluyendo la compasión, el asombro, la humildad y el amor.

Neshamá

La neshamá es el tercer aspecto del alma, y el propio término se utiliza cuando se habla del alma, a veces, pero neshamá suele referirse al alma mucho más elevada. El mundo de las ideas y la creación se corresponde con el nivel de neshamá del alma.

Jayá

Jayá es el cuarto aspecto o nivel del alma. El mundo de la emanación se corresponde con jayá. Los que habitan en este nivel son los mejores para entrar en los reinos espirituales más allá de la descripción de las meras palabras y pueden encontrar fácilmente su camino a través de los mundos de las ideas y las emociones. Entienden lo que es el espíritu y comprenden que no son solo cuerpos destinados a terminar y convertirse en nada al morir.

Yejidá

Yejidá es el quinto aspecto del alma. Se le llama el punto más interno de la chispa Divina, y todos los cabalistas piensan en este nivel como aquello que está más allá de todos los cuatro reinos de la cábala. Lo ven como el punto de contacto entre la Divinidad y el alma. Aquellos que viven en este nivel han hecho la conexión entre sus almas y Dios.

Un movimiento del alma

La cábala nos enseña que muchas personas bajan y suben y bajan desde Dios hasta el aspecto más bajo del alma (néfesh) y viceversa. Nadie permanece en un nivel toda su vida. Un cabalista puede dedicarse apasionadamente a su trabajo espiritual y elevar su conciencia como resultado, por lo que permanece en un plano de existencia. Sin embargo, no es imposible o inusual para ellos tener momentos en los que su nivel de conciencia es más bajo o incluso más alto. Así ocurre con todos nosotros.

Es la propia naturaleza de la conciencia humana moverse. Puede que uno mismo recuerde momentos en los que estaba todo en sus "sentimientos", y otros momentos en los que estaba todo en las ideas. En la cábala, el mundo de las emociones está por debajo del mundo de las ideas. Debe controlar sus emociones utilizando las *ideas*, y no al revés.

Llegar al nivel de jayá del alma es algo que solo ocurre gracias a un trabajo espiritual incesante y a la superación de muchos obstáculos. En este nivel, no está gobernado por su intelecto, y tampoco por sus emociones. Entiende, más profundamente y mejor que otros, lo que es la realidad del espíritu. En cuanto al nivel final de yejidá, nadie puede estar allí, ya que es el punto en el que su alma y Dios se encuentran, y no hay distancia entre ambos. El alma que ha llegado al nivel de yejidá ya no está en este plano con nosotros y se ha unido o ha alcanzado la unión con Dios.

El propósito de estos niveles es el mismo que el de la vida, según la cábala. Se trata de conocer el potencial real que tiene espiritualmente, y al final, llegar a ser uno con la chispa divina. El objetivo de su existencia es que su alma se perfeccione, como el Ein Sof es perfecto, y esto significa trabajar para llegar a ser uno con el Ein Sof, utilizando el único instrumento que tiene, su cuerpo. Debe ser una prioridad moverse hacia adelante y hacia atrás entre los niveles del alma, porque al hacerlo, se purifica a sí mismo, y su Dáat o conocimiento del Ein Sof se incrementa cada vez, acercándose más y más a unirse con la divinidad.

El género en la cábala

Según la cábala, lo que es femenino mira de abajo hacia arriba, mientras que lo que es masculino mira de arriba hacia abajo. Cuando la luz infinita u Ohr Ein Sof emanó cada mundo, realizó la emanación desde dos estados mentales diferentes, o dos estados de conciencia. Una de estas mentes percibe de arriba a abajo, por lo que todo lo demás es insignificante. En este estado mental, el mundo tal como lo conocemos no existe. Todo lo que existe es el Uno.

El otro estado mental o de conciencia solo percibe desde abajo hacia arriba, y desde su punto de vista, todo en la creación es de origen divino. Dios brilla a través de toda la creación. Desde la percepción de abajo hacia arriba, el mundo existe, y el mundo apunta directamente a la divinidad del Uno que está por encima de él.

Hay un nexo o un punto de conexión entre el estado de conciencia que ve de arriba hacia abajo y la mente que ve de abajo hacia arriba. Justo en la cúspide de estos dos está la Esencia de Ohr Ein Sof. La mente que ve de arriba hacia abajo es la mente que bajó a la forma de un hombre. La mente que percibe desde abajo hacia arriba descendió en forma de mujer. Por esta razón, un hombre puede someter y conquistar todo, pero no puede percibir como la mujer. La mujer es una criadora. No está en el negocio de conquistar, pero su luz está sujeta muy fuertemente en la restricción, y a causa de esto, ella puede encontrarse llena de los más duros juicios.

Cuando lo masculino y lo femenino se unen, el hombre puede añadir dulzura al juicio de la mujer, mientras que la mujer enseña al hombre lo que significa ser nutritivo. Esta unión es la perfección, y es la esencia de Ein Sof.

En la concepción de un niño intervienen tres seres: El padre, la madre y, por supuesto, Ein Sof. La divinidad da el aliento de vida al niño concebido, pero el aliento no puede venir a este mundo sin ser enfundado o revestido. Supongamos que el aliento es un alma nueva. Esto significaría que depende de alguna forma de protección para sobrevivir, ya que es demasiado delicada. Si este aliento resulta ser uno que ya ha estado aquí muchas veces, como es el caso de la mayoría de las personas, entonces el recuerdo de las vidas pasadas, los fracasos y las heridas lo mantendrán alejado de las limitaciones que conlleva ser un alma nueva, en un cuerpo nuevo, con una vida nueva. Viene con su traje, que es adecuado para respirar la vida que viene de Arriba, mientras manipula su cuerpo de Abajo.

Todos los pensamientos, las acciones y las palabras que el alma realiza mientras vive su encarnación deben realizarse utilizando el traje. Todas las bendiciones y la abundancia de Arriba deben pasar por este mismo canal para llegar al alma. El alma puede ser luminosa y pura, pero si el traje no es adecuado para ella, será difícil que la luz de la divinidad brille.

El traje se forma por la conducta y los pensamientos del padre y la madre durante la concepción del niño. Si los pensamientos son distraídos, egoístas o indignos, entonces estos pensamientos servirán como un montón de problemas y desafíos para el niño durante toda su vida. Por lo tanto, la concepción debe ser abordada con pensamientos amorosos y afectuosos, pensamientos nobles. La madre y el padre deben tener un mismo pensamiento para que nazca un niño cuya alma brille y le vaya bien en la vida. Incluso cuando no nace ningún niño debido al encuentro entre el hombre y la mujer, las almas nacen muertas en reinos más elevados que los físicos. Todo lo que se haga en favor de estas almas volverá a ellas.

Lo divino femenino

Hay una interpretación de la cábala que es mucho más igualitaria en su enfoque del género, y podemos dar crédito a personas como Shlomo Carlebach y Zalman Schacter-Shalomi por este punto de vista de la cábala. Al considerar el igualitarismo como algo vital, la Renovación Judía, un movimiento que aboga por esta interpretación de la Cábala, utiliza el lenguaje divino femenino, con la Shejiná o el aspecto femenino de Dios como fundamento cabalístico.

Ahora bien, hay mucha controversia sobre la elección de los cabalistas de la Renovación Judía de centrarse en lo divino femenino, y muchos estudiosos han criticado este punto de vista, calificándolo de feminista y de malentendido deliberado de los conceptos cabalísticos. La razón de esta crítica se encuentra en la forma en que la mayoría de los textos cabalísticos abordan el asunto de lo femenino. En general, la cábala muestra que la parte femenina de Dios no es más que un miembro de todo el cuerpo de la divinidad, mientras que la divinidad misma es masculina, existiendo para completar solo lo masculino. En la cábala no hay nada de feminista en lo femenino, ya que lo femenino debe ser redimido para ser asimilado y convertido en masculino.

Puede que la visión de la Renovación Judía sobre la cábala no sea históricamente correcta, pero en la cábala hay contratextos que pueden respaldar la idea de lo divino femenino. En la cábala luriana, se sugiere que la mujer se unirá en última instancia con lo masculino una vez que se haya completado a sí misma.

La hembra de Zeir Anpin o la cara pequeña, que es el aspecto masculino de Dios, tiene dos aspectos. En un aspecto, está contenida al principio dentro del varón, y en el otro, está separada de él, y recibe del varón lo que es la corona de la fuerza. Cuando la mujer se separa del varón y se vuelve autónoma, ambos están en "el secreto de una esposa y su marido", con cada género por su cuenta.

El Santo, o Zeir Anpin, o Tiféret entra en un estado de temblor para que la Shejiná se convierta en "cuerpo opuesto al cuerpo", permitiendo que los aspectos femeninos y masculinos de la divinidad se unan. Causamos la redención cuando nos enfocamos en completar la dimensión femenina de la divinidad por nuestros buenos actos para que lo divino femenino se establezca apropiadamente y pueda convertirse en un cuerpo completo o qomah sh'leymah. No hay un texto contrario que haga de la liberación de género el mensaje central de la cábala.

Capítulo 7: El Zohar

El Séfer Ha-Zohar también se conoce como el Libro del Resplandor. En la Biblia, "Zohar" aparece en una visión de Ezequiel (capítulo 8, versículo 2 de Ezequiel), y a menudo se traduce como "luz" o "resplandor". Aparece de nuevo en el libro de Daniel, capítulo 12, versículo 3, donde está escrito: "los sabios brillarán como el resplandor de los cielos".

El Zohar está escrito en arameo y es un comentario místico sobre la Torá. Comprende varios volúmenes, que suman más de mil páginas. El Zohar forma parte de la cábala, pero no es la primera obra sobre la cábala, no como el Séfer ha-Bahir o Libro de la Claridad del siglo XII.

Pero el Zohar se ha ganado su lugar como una de las obras más conocidas sobre la cábala, y se lo debemos a Gershom Scholem, un filósofo israelí nacido en Alemania. También podemos dar las gracias a los traductores que proporcionaron el Zohar en inglés. Aunque el Zohar es difícil de entender incluso con la traducción, debido al oscuro y denso sistema cosmológico de este texto sagrado, sigue estando abierto a la exploración, donde se puede encontrar un mundo de fantasía y mucho que contemplar espiritualmente para obtener una mayor comprensión.

Autor del Zohar

Moisés vio el Zohar en el Monte Sinaí. Se lo mostró Dios mismo, luego se transmitió de boca en boca, hasta que Rabino Shimon bar Yojai lo escribió en el siglo II, aunque la cuestión de la autoría sigue siendo objeto de debate.

Los estudiosos dicen que el Zohar fue escrito en el siglo XIII en España por el Rabino Moshé de León y posiblemente otros autores. Fue escrito en arameo, que no se usaba en esa época. Podría ser que el autor eligiera ese idioma para que el texto pareciera más antiguo de lo que es. Pero De León da crédito a Rabino Shimon, que se escondió en una cueva durante más de una década estudiando la Torá.

El origen de este libro es sospechoso porque fue encontrado por una persona y habla de cosas que suceden después del periodo talmúdico mientras afirma ser más antiguo que eso. También se cuenta que a la viuda de De León le ofrecieron dinero por el manuscrito original, pero que confesó que él solo dijo que el Zohar era obra del Rabino Shimon para darle más valor. Los críticos de la historia dicen que ella podría haber ganado dinero con la venta del manuscrito, pero que se sintió avergonzada de que valiera la pena, y por eso mintió diciendo que su marido era el verdadero autor. Esto sigue siendo una cuestión de rumores, lo que no ha impedido la difusión del libro.

Los principales ejes del Zohar

El Zohar habla sobre el cosmos y su verdadera naturaleza. Aborda la naturaleza de Dios, la creación, cómo se conectan el Ein Sof y las sefirot, el significado del pecado y el mal, la Torá, los días salvados, los rituales y mucho más.

El libro aclara que los números y las palabras son poderosos y que con ellos se creó el mundo. El lenguaje extrae el poder de nuestro discurso terrenal, a través del cual creamos cambios en la tierra y en otros reinos mediante la contemplación y la oración, y el discurso divino, que crea y recrea toda la vida cada día, sin fin.

Gran parte del Zohar se encuentra en sermones y comentarios, todos ellos en consonancia con los libros de la sagrada Torá. El Zohar es una revelación de los significados más profundos y ocultos de los textos de la Torá. Todos los personajes e historias de la Biblia se consideran partes de la divinidad y metáforas de los niveles del alma. El Zohar también cubre el asunto de las 10 sefirot, que ya hemos repasado.

El Zohar es un texto esencial de estudio para el cabalista, que está en el camino de la iluminación espiritual. De acuerdo con el Zohar, el estudio es el comportamiento más recto y religioso que seguramente traerá la conexión con Ein Sof y le ayudará a alcanzar la iluminación.

El Zohar está escrito en un estilo muy oscuro y críptico de arameo, que era el idioma de la época en el Segundo Templo, desde el 539 a. C. hasta el 70 d. C. Este fue el primer idioma de muchas porciones de los libros de Esdras y Daniel y es el idioma predominante utilizado en el Talmud. El arameo también se utilizó solo entre los judíos de la última parte de la Edad Media. Algunos estudiosos insisten en que el Zohar fue escrito por alguien que no era un hablante nativo de la lengua, ya que en él hay palabras del gallego-portugués y del romance andalusí.

Unión con Dios

La cábala trata de crear la unión del ser humano con la divinidad en el proceso de los rituales y el estudio. Las páginas del Zohar describen el proceso de contemplación espiritual con un carácter erótico, ya que los místicos suelen ser de los que emprenden sus estudios hasta altas horas de la noche, por lo que esta conexión entre la Divinidad y el místico se ve como algo entre dos tortolitos. Aquí, Dios, o la Shejiná, es la novia, y el estudio, la oración y la meditación son como una unión mística con la divinidad, donde el místico se permite perderse en la divinidad. Este estado se llama devekut, o apego a Dios. El Zohar utiliza la metáfora de la unidad en el sexo y el nacimiento para definir el proceso de creación, que ocurre tanto en el reino humano como en el divino.

El Zohar es una gran influencia tanto para los judíos como para los no judíos. Ti fue el Zohar, que preparó el camino para muchos otros textos cabalísticos como los del rabino Isaac Luria. El Zohar es también un texto que incluso los estudiosos cristianos han llegado a aceptar. Ven los paralelos que existen en el sistema cosmológico y ciertas partes de la teología cristiana como el concepto de la Santa Trinidad. La influencia del Zohar se hizo aún más prominente gracias al jasidismo, donde las ideas cabalísticas se desarrollaron aún más en ideas psicológicas.

Estudiar el Zohar

Muchas enseñanzas tradicionales abogan por esperar hasta los 40 años antes de estudiar la cábala para estar espiritual y mentalmente preparado para estos textos. Los textos son complicados, densos y muy esotéricos, lo que los convierte en un buen estudio para aquellos que investigan los textos judíos. Necesitará tener un sólido conocimiento básico de la Torá, el Talmud, el Midrash, el arameo y el hebreo. Hay nuevas traducciones que facilitan la lectura del Zohar, pero la propia complejidad del vasto escenario imaginario del Zohar hará que sea un estudio difícil sin los conocimientos básicos que necesita o sin la guía de un erudito que pueda guiarle en las partes difíciles.

La aceptación del Zohar en el judaísmo

Tradicionalmente, la opinión más extendida es que Dios mostró las enseñanzas cabalísticas a las grandes figuras bíblicas como Moisés y Abraham. Luego esas enseñanzas se transmitieron por tradición oral desde los tiempos bíblicos hasta que fueron redactadas por Shimon bar Yojai. Sin embargo, según estudiosos modernos, como Gershom Scholem, que han analizado el Zohar, es posible que el verdadero autor fuera Moisés de León. También existe la teoría de que un antiguo texto fundamental del Zohar es anterior a la época de León, y el resto del texto fue añadido gradualmente.

También hay grupos ortodoxos, grupos ortodoxos no jasídicos e incluso denominaciones judías no ortodoxas que creen que el Zohar no es más que una pseudoepígrafa. Estas obras han sido falsamente atribuidas a un autor equivocado o a una obra que el autor original atribuye a una figura o fuente antigua. Algunos creen que el Zohar es parte de los apócrifos, es decir, escritos secretos y ocultos que solo debían ser leídos por los iniciados de un grupo. Otros sostienen este punto de vista, pero aun así están de acuerdo en extraer el significado del texto del Zohar, considerando sus enseñanzas muy adecuadas para el judaísmo de hoy.

Los seguidores del movimiento Dor Deah no aceptan el Zohar. Los judíos portugueses y españoles se deshicieron de todo el contenido ligado al Zohar de su liturgia y Sidur justo después de que Sabbatai Zevi, un rabino ordenado de Esmirna, renunciara al judaísmo y se pasara al islam. Hay elementos relacionados con el Zohar que se han vuelto a incluir en varios siddurim portugueses y españoles, y esto se aplica incluso a los grupos que no han restaurado los elementos del Zohar en su liturgia. Así, los siddurim que los judíos no ortodoxos editaron pueden tener porciones del Zohar y otras obras, aunque los responsables de las ediciones no crean que se trate de una tradición oral de la época de Moisés.

El Zohar fuera del judaísmo

Algunos seguidores de otras religiones o incluso aquellos que no se vinculan a ninguna religión, que buscan en el Zohar como una cuestión de curiosidad, o porque les gustaría tener respuestas prácticas y significativas a las grandes preguntas sobre el sentido de la vida y el vivir, por qué existe este mundo, cuáles son las leyes de la naturaleza y nuestro lugar en relación con estas leyes, y muchos otros asuntos que mantienen el alma preocupada y nos mantienen despiertos por la noche.

Sin embargo, según el punto de vista del judaísmo rabínico tradicional, y el propio Zohar, el punto del texto sagrado es ayudar a los judíos a través y fuera del exilio y hacer brillar una luz sobre la sabiduría en la Torá, y las mitzvot o mandamientos judaicos.

Críticas al Zohar

En 1851, Adolf Jellinek inició la corriente de críticas académicas y sistemáticas sobre la autoría del Zohar al escribir su monografía, Moses ben Shem-tob de León und sein Verhältnis zum Sohar en 1851. A continuación, Heinrich Graetz, un joven historiador, la retomó en Historia de los Judíos, volumen 7.

Después de muchos años de investigación en profundidad, Scholem señaló en 1941 que de León tenía que ser el autor, y también se dio cuenta de que el autor había cometido muchos errores en su arameo, añadiendo algunos patrones de frases y palabras en español, y que claramente, el escritor tenía poco conocimiento real sobre Israel.

Algunos estudiosos creen que el Zohar fue escrito por un grupo, no solo por De León. Creen que de León dirigió una escuela mística, y que esta escuela es la responsable del Zohar. Pero, aunque de León haya escrito efectivamente el texto, su contenido no es un fraude. Algunas partes podrían estar basadas en el texto más antiguo, y era la norma dar crédito a los antiguos rabinos para que el documento tuviera más importancia. Es muy posible que de León asumiera la posición de canal en nombre del Rabino Shimon bar Yojai.

El profesor Gershom Scholem escribió un artículo en la Enciclopedia Judaica, en el que analiza ampliamente todas las fuentes citadas del Zohar. Considera que el autor utilizó muchas fuentes judías que ya existían. Al mismo tiempo, creó una buena cantidad de textos ficticios, como el Sifra de-Hanokh, el Sifra de-Adam, el Sifra de-Rav Hamnuna Sava, el Sifra de-Shelomo Malka, el Sifra de-Aggadeta, el Sifra de-Rav Yeiva Sava, la Raza de-Razin, y tantos otros. En su mayoría, los historiadores cabalísticos creen que los pensamientos de Scholem son precisos; sin embargo, hay críticas sobre si está en lo cierto.

La mayoría de los conceptos originales del Zohar se basan en obras ficticias, pero se muestran muchas ideas místicas antiguas y rabínicas sin que se mencionen las fuentes. La mayoría de las ideas en el Zohar se basan en el Talmud, y en diferentes obras de midrash y obras místicas judías de tiempos muy anteriores.

Según Scholem, el escritor era un experto en el material anterior al que se refería y que utilizaba como bloques de construcción de sus escritos. Había creado sus propias variaciones, utilizando el Talmud de Babilonia para la mayoría de sus fuentes, y el Midrash Tanhuma, el Midrash Rabbah, y ambos Pesiktot (el Pesikta Rabbati o Pesikta De-Rav Kahana). También se ha referido a los Pirkei de-Rabbi Eliezer, al Midrash sobre los Salmos y al Tárgum de Onquelos. No los cita con precisión, pero los tradujo en su estilo único.

De León tampoco se refirió demasiado a los Midrashim halájicos, ni al Talmud de Jerusalén, ni al resto de los Tárgum. Se hace poca referencia a la Agadá Shir ha-Shirim, al Alfabeto de Rabí Akiva o al Midrash sobre los Proverbios. No está muy claro si el autor se refería al Yalkut Shimoni o si conocía las fuentes de la agadá por sí mismas. Sí se refirió a los Midrashim más pequeños, como el Alfabeto de Ben Sirá, el Hekhalot Rabbati, el Baraita de-Ma'aseh Bereshit, el Séfer Zerubbabel y muchos más.

Capítulo 8: El Séfer Yetzirah

El Séfer Yetzirah es el Libro de la creación o el Libro de la formación. Es el más antiguo de los libros existentes escritos sobre la materia del misticismo judío. Algunos lo consideran más bien un tratado de teoría lingüística y matemática, no de cábala.

Yetzirah significa "formación", mientras que Briah significa "creación". Tradicionalmente, se atribuye al patriarca Abraham la autoría de este libro. Hay quienes lo atribuyen a rabino Akiva. Los eruditos de hoy en día aún no se ponen de acuerdo con el origen del Séfer Yetzirah. El rabino Saadia Gaon dice que el objetivo del escritor del libro era mostrar cómo se formó todo lo que nos rodea. El libro comienza diciéndonos que Dios creó todas las cosas utilizando los 32 "caminos misteriosos de la sabiduría". Dice que los derivados de la palabra Séfer crearon el mundo:

- Séfer - Un libro
- Sefor - Una cuenta
- Sippur - Una historia

Dios también consideró las medidas del espacio vacío, y una parte clave de la creación fueron las 22 letras del alfabeto en hebreo, que tiene tres letras principales, siete consonantes o letras de doble sonido, y doce letras regulares.

El origen del Séfer Yetzirah

Hay una historia que se puede encontrar en el Talmud de Babilonia que habla de cómo en el día antes de cada sabbat, Rav Hoshaiah, y Rav Hanina se sentaban juntos y estudiaban el Séfer Yetzirah mientras hacían un delicioso becerro que comerían. Según la mayoría de los místicos, el Abraham de la Biblia hizo lo mismo al preparar el ternero para los ángeles que le habían hecho saber del próximo embarazo de Sara, como en el Génesis, capítulo 18, versículo 7.

El apéndice del Séfer Yetzirah aclara que Abraham había recibido la sabiduría mística de una revelación de la divinidad. Por esta razón, rabinos y filósofos clásicos como Shabbetai Donnolo, Saadia Gaon y Yehudah HaLevi tienen la firme convicción de que la autoría del Séfer Yetzirah pertenece nada menos que a Abraham. Rabino Akiva simplemente lo redactó en la forma actual. La tradición judía dice que pertenece a Adán, y que luego pasó de Adán a Noé, y después de Noé a Abraham, también llamado el amigo de Dios. Según un manuscrito conservado en el Museo Británico, el Séfer Yetzirah también se conoce como Kilkot Yetzirah y solo es accesible para las personas verdaderamente piadosas.

Datación del Séfer Yetzirah

Los historiadores modernos no tienen una idea muy clara sobre el origen de este texto, y debaten mucho sobre este asunto. Algunos estudiosos creen que se originó en la época medieval. Otros dicen que debe ser anterior a esa época, debido a las tradiciones que aparecen en el libro. Sin embargo, muchos estudiosos modernos creen que el texto fue escrito durante la era talmúdica.

La Enciclopedia Judía dice que los elementos básicos del Séfer Yetzirah son propios del siglo III, o incluso del IV. Se dice que se compuso durante la era gaónica y que podría haber sido ambientado después de la plantilla de la gnosis judía, que era estática después del siglo IV, suponiendo que no se hubiera extinguido ya en esta época.

Richard August Reitzenstein sitúa el origen del Séfer Yetzirah en torno al siglo II a. C. Christopher P. Benton afirma que la forma de la gramática hebrea utilizada hace más probable que se escribiera durante la época de la Mishná, alrededor del siglo II d. C. También cabe destacar que la división del alfabeto hebreo en tres clases aparece en los textos helénicos. Lo que queda claro es que el original y la fecha del libro son aún indeterminables.

Los manuscritos del Séfer Yetzirah

- La versión larga
- La versión corta
- La versión Gra
- La versión Saadia

Aparte de estas cuatro, existen otras versiones. Hay muy pocas diferencias entre las versiones.

La versión corta del Séfer Yetzirah tiene solo 1300 palabras, mientras que la Versión Larga tiene aproximadamente el doble de ese número. Abraham Abulafia, en el siglo XIII, anotó que existen ambas versiones. En el siglo X, Saadia Gaon había escrito un comentario en el que hablaba de un manuscrito que era una versión más organizada de la versión larga. Esta versión se conoce ahora como la versión Saadia. En el siglo XVI, Isaac Luria redactó la versión corta para armonizarla con el Zohar. En el siglo XVIII, el Gaón de Vilna, o el Gra, volvió a redactarla, creando lo que ahora se conoce como la versión de Gra.

Las influencias del Séfer Yetzirah

El Séfer Yetzirah está dedicado a todas las preguntas y especulaciones sobre la creación del mundo por la divinidad. El hecho de que se atribuya al patriarca Abraham demuestra que este libro ha sido tenido en la más alta estima durante muchos siglos. Se podría decir que este libro es el que más ha influido en los judíos, aparte del Talmud.

El Séfer Yetzirah es muy difícil de entender porque es un libro oscuro escrito en un estilo oscuro. Además, no existe una edición crítica y la mayor parte del texto que tenemos está alterado. Inevitablemente, hay muchas opiniones sobre el origen, la edad, el valor y el contenido del Séfer Yetzirah.

Históricamente, el Séfer Yetzirah es uno de los libros más fascinantes de la literatura judía. Aparte de la Biblia, ningún otro libro tiene tantas anotaciones como este. Hay una conexión muy estrecha entre el Séfer Yetzirah y los místicos muy posteriores. Hay una clara diferencia entre el Séfer Yetzirah y la cábala más reciente, ya que las sefirot cabalísticas no coinciden con las del Séfer Yetzirah. El sistema del Séfer Yetzirah es uno de los primeros y más claros eslabones en cuanto al desarrollo y crecimiento de los conceptos cabalísticos. En lugar de una creación ex nihilo, ambas obras sugieren que hubo emanaciones de medios que se produjeron en una serie entre el universo y Dios. Además, ambas consideran que la primera causa es Dios, en lugar de asumir que Dios es la causa inmediata y eficiente de todas las cosas.

Hay un libro titulado Séfer Yetzirah, que circuló entre los jasidim asquenaz desde el siglo XI hasta el siglo XIII, que luego se convirtió en una de las fuentes de la cábala práctica. Este libro es una mística que amplía los seis días de la creación y corresponde un poco al Seder Rabbah deBereshit, que es un pequeño midrash.

La estructura y las enseñanzas del Séfer Yetzirah

El Séfer Yetzirah describe claramente el nacimiento del Universo por el único Dios, el Dios de Israel, utilizando los "32 maravillosos caminos de la sabiduría".

- Los 10 números (las sefirot)
- Las 22 letras del alfabeto hebreo
- Las 3 letras madre (Aléf,) Mem, y Shin)
- Los 7 dobles (Bet, Gimel, Dalet, Kaph, Pe, Resh, Taw)

- Los 12 elementales o simples (He, Waw, Zayin, Heth, Teth, Yodh, Lamedh, Nun, Samekh, Ayin, Tsade, Qoph)

Estas divisiones se ajustan bien a las ideas judías, como las 3 letras que componen el nombre de Dios: Yud, He y Vav. También coinciden con la semana judía, las 12 tribus de Israel, los 12 meses del calendario hebreo y conceptos filosóficos o científicos como los 4 elementos (Tierra, agua, fuego y aire), las 10 direcciones, los 7 planetas, los 12 signos del zodiaco, las funciones humanas y las partes del cuerpo humano.

Este libro ofrece una descripción muy clara de cómo Dios tomó las 22 letras hebreas y las 10 sefirot, combinándolas de diversas maneras para formar la creación. También revela cómo Dios reveló todo este secreto al patriarca, Abraham, en forma de pacto, que es doble:

- El pacto de la circuncisión o mila (que significa palabra), que está entre los diez dedos del pie.
- El pacto de la lengua o lashion (que significa lenguaje), que está entre los diez dedos.

Dios conecta entonces la lengua de Abraham con las 22 letras que se encuentran en la Torá, y así se revela el secreto al patriarca.

Temas del Séfer Yetzirah

Existe el macrocosmos del universo y el microcosmos, que es usted. Dentro del sistema del Séfer Yetzirah, son las diversas combinaciones de los caracteres místicos. El uso de estas letras por parte de los judíos para la creación del Santo Nombre para realizar magia o milagros mediante la Taumaturgia requiere de papiros mágicos, que citan un Libro Angélico de Moisés, un libro repleto de alusiones a nombres de la Biblia.

Las teorías lingüísticas que encontrará en el Séfer Yetzirah juegan un papel clave en su filosofía, además de la cosmogonía gnóstica y la astrología. Aleph, Mem y Shin no son solo las tres madres que dan a luz a las restantes letras del alfabeto; representan los tres elementos primordiales y la esencia de toda la existencia.

El Séfer Yetzirah dice que la primera emanación del espíritu del Uno fue el ruaj, que es el aire, o espíritu. Esto fue lo que creó el agua, y creó el comienzo del fuego. Al principio, estas tres esencias o sustancias eran el único potencial en la naturaleza y no llegaron a existir propiamente hasta que Aleph, Mem y Shin las hicieron nacer. Dado que las letras madre son una parte clave de nuestro discurso, entonces esas tres sustancias son los bloques de construcción sobre los que se creó el cosmos.

El universo consta de tres partes fundamentales: El Mundo, el tiempo y el hombre. Estas se mezclan de tal manera que permiten que los tres elementos primordiales estén dentro de cada parte. La tierra fue formada por el agua. El cielo se formó con el fuego. El ruaj creó el aire entre la tierra y el cielo.

He aquí otras conexiones significativas

- El verano: El fuego o la cabeza humana
- Invierno: Ruaj o el torso
- La lluvia: Agua o las otras partes del cuerpo

Sus siete aperturas (orejas, boca, fosas nasales y ojos) coinciden con las siete letras dobles y los siete planetas. La pronunciación de estas letras no es suave. Tampoco son duras. De la misma manera, los planetas se alejan de la tierra al mismo tiempo que se acercan a ella. Los días de la semana coinciden con las 7 letras dobles, sobre todo porque cambian según el lugar en el que se encuentran con respecto a los 7 planetas. La boca, los ojos, las fosas nasales y los oídos lo conectan con el mundo exterior. Lo mismo ocurre con los siete planetas, que conectan arriba y abajo.

Los 12 signos del zodiaco trazan un paralelo con las 12 letras simples, que están conectadas con los 12 meses, y los 12 líderes del hombre, que son el hígado, los intestinos, el estómago, el páncreas, la vesícula, los riñones y los pies. La materia está formada por elementos primordiales no conectados químicamente, pero capaces de crear cambios entre sí a nivel físico.

El Séfer Yetzirah sobre la creación

Este libro habla de la doble creación, donde una creación es real, y la otra es ideal. Las sefirot no son reales, solo ideales. Los números del 2 al 10 son emanaciones del número 1, y de la misma manera, las sefirot son emanaciones del Uno. Son la voluntad de Dios en movimiento, ya que se convierte en aire, luego en agua, luego en fuego, que no está lejos del aire. También hay que tener en cuenta las 22 letras, que crean el mundo real y hacen que las sefirot sean reales. El Talmud explica que la vida se formó a partir de las letras.

Hay 32 caminos que son grabados por Ein Sof:

- Las 22 letras - Lo real
- Las 10 sefirot - El ideal

Nótese que las letras no se sostienen por sí mismas, y no son formas. El puente entre la esencia y la forma para elaborar el mundo real.

Contrastes

El libro habla del contraste en la naturaleza, o de los pares llamados syzygies en el gnosticismo. Todos los mundos comprenden pares que guerrean entre sí, pero que se armonizan mediante el Ein Sof. Por ejemplo, tenemos el fuego y el agua, armonizados por el aire. Esto está en línea con las tres reglas:

- Shin, que calla
- Mem, que silencia
- Álef, que armoniza Shin y Mem

Estos son los siete contrastes a los que se enfrenta el ser humano cada día

- La paz frente a la guerra
- La riqueza frente a la pobreza
- La sabiduría frente a la necedad
- La belleza frente a la fealdad
- El liderazgo frente a la servidumbre
- La fertilidad frente a la infertilidad
- La vida frente a la muerte

El bien y el mal no se consideran reales. Nada es bueno o malo en sí mismo; es la forma en que una cosa influye en usted utilizando el contraste lo que le permite hacer ese juicio. Tenemos libre albedrío, y recibimos recompensas o retribuciones en función de las decisiones que tomamos. No se menciona el cielo; sin embargo, elegir un camino virtuoso hará que las cosas nos salgan bien. Elegir ser una persona terrible que se complace en ser malvada solo hará que la vida nos arroje más de esa energía.

El sistema fonético

Las 22 letras se agrupan en función de los órganos vocales utilizados en su pronunciación y de su intensidad cuando se pronuncian. Las letras de estos cinco grupos tienen un modo de articulación único. Sin embargo, el Séfer Yetzirah dice que el sonido no puede crearse sin la lengua y que todos los demás órganos del habla solo están ahí para ayudarla. Así que, teniendo esto en cuenta, veamos cómo se forman las letras:

- Usando la garganta y la punta de la lengua
- La punta de la lengua y entre los labios
- El centro de la lengua
- La parte superior de la lengua
- Por la lengua, estirada y plana, y por los dientes

Las letras se separan aún más por la intensidad del sonido necesario para producirlas. He aquí las divisiones según este criterio:

- Mudas: Estas no tienen ningún sonido que las acompañe, como Mem.
- Sibilantes: Estos tienen lo que se conoce como la espinilla sibilante, como Shin.
- Aspirantes: Estas se encuentran en una posición intermedia entre las sibilantes y las mudas, como la Álef, que es aérea y "mantiene el equilibrio en el medio".

Sistemas gnósticos

El Séfer Ietzirá es muy similar a algunos aspectos del gnosticismo. El Marco Gnóstico divide las letras griegas del alfabeto en tres grupos, y de la misma manera, el Séfer Yetzirah divide el alfabeto hebreo en tres clases. En el gnosticismo, las tres clases son representaciones simbólicas de los tres poderes, incluyendo todos los elementos superiores.

Tanto el Séfer Yetzirah como el gnosticismo dan mucho valor al poder que reside en las diversas permutaciones y combinaciones de las letras para describir el inicio y el crecimiento de los múltiplos a partir de la fuente Única. El Séfer Yetzirah también se alinea con la doctrina Clementina, donde Dios es el principio y el fin de todo lo que es. Los escritos Clementinos incluso dicen que el espíritu de Dios se transformó en πνεῦμα, y de ahí en el agua, que se convirtieron en las rocas y el fuego. Esto está en consonancia con el Séfer Yetzirah, que dice que el espíritu de Dios, el agua, el fuego y la Tierra son los cuatro primeros de los diez sefirot.

Mientras tanto, los seis sefirot restantes no son más que un espacio limitado por tres dimensiones dentro de una dirección doble. Esto es también en la Clementina, donde la Divinidad es el límite mismo de todo el universo y es también la fuente de las seis dimensiones.

El dragón, que también podría significar el "enroscado" (enrollado como una serpiente), es muy importante en la visión de la astrología del Séfer Yetzirah, probablemente porque se trata de una figura muy antigua en el semitismo. El dragón se considera la constelación de Draco, y es una metáfora del eje cósmico, que es el polo norte y el polo sur, ya que la constelación de Draco se envuelve alrededor de la estrella del Norte, y del eje celeste. Draco se cruza con la parte más septentrional de la esfera celeste.

Capítulo 9: Séfer ha Bahir

El Séfer ha Bahir se llama también el Libro de la Iluminación o el Libro de la Claridad. Esta obra es anónima y mística. Suele atribuirse al sabio rabínico Nehunia Ben Hakana, del siglo I, y supuesto contemporáneo del rabino Yohanan ben Zakai. La razón de esta atribución es que el Séfer ha Bahir comienza con estas palabras: "R. Nehunia Ben Hakana dijo". El Libro de la Claridad también se llama el Midrash de Rabino Nehunia Ben Hakana. Se trata de una obra temprana sobre los aspectos esotéricos del judaísmo, que más tarde pasó a llamarse cábala.

Moisés ben Nahman, también conocido como Nahmánides o Rambán (o Bonastruc ca Porta), fue un reputado erudito judío medieval, médico, rabino sefardí, cabalista, filósofo y comentarista bíblico. Fue uno de los primeros en citar la obra del Libro de la Claridad bajo el título de Midrash R. Nehunia Ben Hakana, en su comentario de la Torá. Los cabalistas medievales se referían al libro como Séfer HaBahir por el primer comentario que hace, que es "Y ahora los hombres no ven la luz que brilla (bahir) en los cielos" (Job, capítulo 27, versículo 21).

Autoría del Séfer ha Bahir

Según los cabalistas, la autoría del Séfer ha Bahir corresponde al rabino Nehunia, del periodo mishnaico, hacia el año 100 d. C. Los cabalistas medievales pensaban que el Séfer ha Bahir no era un libro unificado. En cambio, lo recibieron en trozos dispersos en cuadernos y pergaminos. Debido a la naturaleza fragmentada del texto, se encuentra que algunas discusiones se terminan a mitad de frase y que el libro pasa de un tema a otro, lo que hace probable que fuera un libro en pedazos antes de ser reunido como un todo.

Los estudios históricos demuestran que este libro se compuso en una fecha muy posterior. Antes, los estudiosos daban por sentado que tenía que haber sido escrito por Isaac el ciego, que fue un rabino francés con muchos grandes escritos sobre la cábala y que vivió en el siglo XIII. Si él no lo escribió, dicen, entonces debe haber sido escrito por los estudiantes de su escuela. La frase que dice: "Y ahora los hombres no ven la luz que brilla en los cielos", está más bien sola, no tiene ninguna relación con todo lo que sigue. Simplemente alude a que el autor es ciego.

Sin embargo, los estudiosos cabalísticos más modernos creen que al menos una parte del Séfer ha Bahir debe haber sido adaptada de alguna otra obra antigua, concretamente del Séfer Raza Rabba. En esta obra más antigua se menciona a los Geonim y sus obras. Sin embargo, no existe una versión completa del Séfer Raza Rabba. Aun así, se pueden encontrar citas de este libro en obras más antiguas. La estudiosa Ronit Meroz afirma que los elementos del Libro de la Claridad se remontan a Babilonia, en el siglo X. Señala que utiliza el sistema de puntos vocales de Babilonia, que con el tiempo dejó de usarse, y están, por supuesto, los otros elementos que muestran que debió ser escrito en Provenza en el siglo XII.

Varios estudiosos de la cabalística creen que el Séfer ha Bahir tiene elementos de gnosticismo en las obras más antiguas que cita. Así pues, la cuestión de hasta qué punto el gnosticismo ha influido en la cábala sigue siendo objeto de investigación. Puede consultar las obras de Moshe Idel y Gershom Scholem para obtener más información al respecto.

Historia del Séfer ha Bahir

Los cabalistas dicen que la tradición oral del Libro de la Claridad se remonta al siglo I d. C. Dicen que es difícil descartar la posibilidad de que los manuscritos se hayan alistado siempre antes de ser publicados en el siglo XII. La escuela de cabalistas de Provenza publicó el Séfer ha Bahir y lo hizo circular entre un público muy reducido en forma de manuscrito hacia el año 1174. Hacia 1298, existía el primer manuscrito que aún se conserva, fechado a finales del siglo XIII.

A partir de 1331, existían los primeros comentarios sobre este libro sagrado, que fue escrito por un discípulo del gran Rashba o Shlomo ben Adret, el rabino Meir ben Shalom Abi-Sahula. El Séfer ha Bahir se publicó entonces de forma anónima con el título de Or HaGanuz. A finales del siglo XV, el Séfer ha Bahir fue traducido al latín por Flavius Mithridates. Desgraciadamente, esa traducción resultó demasiado prolija e inútil.

161 fue cuando se publicó el Bahir junto con el Maya HaChakhmah en Ámsterdam, de forma impresa. En 1706, el Libro de la Claridad también se publicó junto con el Maya HaChakhmah en Berlín. Desde entonces, se ha publicado en Sklav, Koretz, Lvov, Vilna y Jerusalén. También se publicó en algún lugar desconocido, como parte de la cábala Chamisha Chumshei. El propio Gershom Scholem publicó la traducción al alemán del Séfer ha Bahir en 1923. Luego, en 1979, el rabino Aryeh Kaplan publicó la traducción al inglés. Al año siguiente, Fracois Secret publicó la traducción al latín. A partir de 1995, se publicó el texto hebreo a partir de los manuscritos de Daniel Abrams. En 2005 se publicó el Séfer ha Bahir en latín de Flavius Mithridates y la edición de Saverio Campanini.

El rabino Isaac HaKohen, cabalista del siglo XIII, dijo que el Séfer ha Bahir es "de la tierra de Israel a los primeros pietistas, los sabios de Asquenazí, los cabalistas de Alemania. De ahí pasó a los primeros sabios de Provenza que persiguen todo tipo de (registros de) sabiduría escrita, los que conocen el conocimiento divino, excelso. Pero solo vieron una parte del libro y no todo porque no lo vieron en su totalidad, en su forma completa".

Dentro del Libro de la Claridad, se pueden encontrar varias capas literarias únicas. Algunas de ellas fueron escritas hacia finales del siglo IX en Oriente. Otras se escribieron a principios del siglo X y otras en Provenza, en el siglo XII.

El Libro utiliza el sistema de vocalización y la gramática babilónica, que da lugar a una pronunciación única y que era popular en Oriente. Es precisamente este hecho el que hace evidente que hay una capa oriental en el libro. Mientras que hoy en día utilizamos la vocalización tiberiana en hebreo, la babilónica es mayoritariamente superior (con marcas sobre las letras). Además, tiene el segol (un signo vocálico hebreo formado por tres puntos que crean una especie de triángulo invertido), que se pronuncia igual que el patah (otro signo vocálico hebreo representado por una línea horizontal debajo de una letra). Si el Libro del Resplandor se hubiera escrito en una región que utilizara el sistema babilónico, entonces la afirmación de que la Divinidad había puesto una patah encima de una letra mientras ponía un segol debajo tendría mucho más sentido.

Según el sistema de vocalización utilizado en Babilonia, la patah se considera superior, mientras que el segol es inferior en el sistema tiberiano. Por lo tanto, solo el sistema de vocalización babilónico permite pronunciar el combo de vocales a la vez, ya que ambas se pronuncian de la misma manera.

El sistema de vocalización babilónico utilizado como símbolo del Santo apoya la fecha de composición de este pasaje. A principios del siglo X, hubo un intenso desacuerdo sobre qué sistema gramatical era el mejor para representar la Torá entre las comunidades judías. Ganó el sistema tiberiano, mientras que todos entendieron que el sistema babilónico era un efecto extraño para el hebreo tradicional. Después de esto, ya no podía ser una herramienta simbólica para el Santo. La capa babilónica fue escrita mucho antes de que ganara la tiberiana.

El contenido del Séfer ha Bahir

El Libro de la Claridad tiene la forma de un midrash exegético basado en el libro del Génesis, concretamente en los primeros capítulos. Está dividido en breves párrafos, 60 en número, o 140 pasajes, y se presenta en forma de diálogo, una conversación entre los discípulos y su maestro.

Los personajes principales de este libro son el rabino Rahamai o Rehumai, y el rabino Amora o Amorai. Hay ciertas declaraciones dentro de este libro sagrado atribuidas a los rabinos Johanan, Berechiah y Bun, que fueron mencionadas posteriormente en la literatura midráshica.

El Séfer ha Bahir tiene varios comentarios que arrojan luz sobre los versículos bíblicos y su importancia mística. También comparte la importancia mística de las formas de las letras hebreas, los signos de cantilación y los puntos vocálicos, ciertas afirmaciones del Séfer Yetzirah o el Libro de la Creación, y cómo se utilizan los nombres sagrados en la magia.

Encontrará 200 párrafos muy parecidos a aforismos en el Libro de la Claridad. Cada párrafo se refiere a la Torá para dar más comprensión a sus conceptos. Como todos los demás textos de la cábala, los significados de estos párrafos tienen mucho simbolismo y se prestan a muchas interpretaciones.

Hay una analogía que se mantiene constante a lo largo de todo el libro, en la que se utiliza a un rey, su hija, sus jardines y sus sirvientes para explicar los conceptos que contiene. Cada párrafo es una referencia a otros en varios segmentos, y se pueden desglosar en cinco secciones, gracias a la traducción de Aryeh Kaplan. Se pueden agrupar estas secciones, pero de forma imprecisa. Aun así, se mantienen dentro de sus temas de conexión.

Secciones del Séfer ha Bahir

- Sección 1 (versículos 1 a 16): Comprende todo el comentario de los primeros versos del relato de la Creación en el libro del Génesis.
- Sección 2 (versículos 17 a 44): Comparte información sobre el alfabeto hebreo o el Álef-Bet, y también se basa en el Séfer Yetzirah, que demuestra cómo estas letras están conectadas con todo el misticismo de la Torá.
- Sección 3 (versículos 45 a 122): Se trata de las sefirot y las siete voces.
- Sección 4 (versículos 124 a 193): Se trata de las 10 sefirot
- Sección 5 (versículos 193 a 200): Concluye todo el discurso. Se conoce como "Misterios del alma".

El Séfer ha Bahir es el libro que trata de las sefirot, según la cábala, como los poderes y atributos divinos que emanan del Uno.

La creación del mundo

Según el Libro de la Claridad, el mundo no es el resultado de un acto creativo. Al igual que la Divinidad, el libro ha existido durante toda la eternidad, no solo en términos de potencialidad. El Séfer ha Bahir dice que la creación fue solo la simple aparición de lo que estaba latente dentro de HaGanuz, o la primera sefirá, o Kéter Elyon, que es una emanación de Dios.

La sefirá luego dio a luz a *Hokmah* (o sabiduría), y de ella surgió Biná (o inteligencia). De estas tres, conocidas como las sefirot superiores, y de los principios primarios del universo, emanaron las siete sefirot inferiores. De estos siete surgió el mundo con toda su materialidad.

Cada sefirot está vinculada a la otra, y todas tienen rasgos activos y pasivos, es decir, emanan y reciben. El flujo de una sefirá a la siguiente puede captarse en las letras hebreas del alfabeto. Así, la letra gimel, que tiene forma de tubo con los dos extremos abiertos, es la representación de una sefirá. En un extremo recibe la fuerza, mientras que en el otro la envía. Piense que todas las sefirot son la energía de Dios, y las diversas formas en las que Dios se manifiesta.

La reencarnación según el Séfer ha Bahir

El Séfer ha Bahir responde a la pregunta de por qué las personas buenas pasan por cosas terribles mientras que a las malas les va muy bien proponiendo el concepto de reencarnación. Dice que es posible que los que son buenos ahora hayan sido terribles en sus vidas pasadas, mientras que, a la inversa, los que son malos fueron justos en sus vidas anteriores.

El gilgul, o la transmigración de las almas, la metempsicosis o la reencarnación, se oponía a la filosofía judía, pero en la cabala se da por sentado. El Séfer ha Bahir ha expuesto esta doctrina en un montón de parábolas, y puesto que no había ninguna apología particular de ella, es obvio que se trata de una idea que se desarrolló y creció entre los primeros cabalistas, sin ninguna afinidad particular con el asunto de la transmigración. En el capítulo 1 del Eclesiastés, versículo 4, dice: "Una generación pasa, y otra generación viene". Se supone que esto significa que la generación que pasa es la misma que ocupa su lugar.

Las parábolas y la Agadá del Talmud se explican utilizando términos transmigratorios. Sin embargo, no está claro si hubo alguna conexión entre la llegada del metempsicosis, doctrina cabalística que se difundió en el sur de Francia, y su desarrollo entre los cátaros más contemporáneos que vivían bien. Este último grupo creía que el alma debía pasar al cuerpo de un animal, mientras que el Séfer ha Bahir solo menciona este concepto sobre el cuerpo humano.

Después del Libro de la Claridad, la doctrina del gilgul se desarrolló en muchas direcciones y acabó convirtiéndose en una de las doctrinas fundamentales de la cábala, aunque los propios cabalistas no se ponen de acuerdo en los detalles de todo ello. En el siglo XIII, el gilgul se consideraba esotérico, por lo que solo se aludía a él. Cuando llegó el siglo XIV, había muchas enseñanzas muy explícitas al respecto. A menudo, en el contexto de la literatura filosófica, se utilizaba la palabra ha'atakah o "transferencia" para representar al gilgul. En la literatura cabalística, solo se ve el término gilgul en los textos del Séfer ha Temunah y otros posteriores. Los discípulos de Isaac el ciego, y los cabalistas de Gerona, hablaban a menudo del secreto del ibbur, o de la impregnación. Es a finales del siglo XIV que los términos gilgul e ibbur fueron finalmente diferenciados. A partir de la época del Zohar, gilgul se convirtió en un término muy frecuente en la literatura hebrea y en las obras de filosofía.

También hay mandamientos y versículos bíblicos traducidos en términos de gilgul. Algunas sectas anteriores consideraban que las leyes relativas al sacrificio ritual o shejitá eran una prueba basada en la Biblia de que la transmigración existe. Esto estaba en consonancia con su creencia en la transmigración entre los animales. Los cabalistas se separan de estas sectas y recurren al mandamiento del levirato como prueba de la doctrina del gilgul (el matrimonio por levirato es una práctica en la que el hermano de un hombre que no tenía hijos al morir toma el lugar del marido para concederse a sí mismo, hijos, en su próximo gilgul). Más tarde, algunas mitzvot se interpretaron a través de la lente del gilgul. El gilgul también da razón a la aparente injusticia que existe en la tierra.

El libro de Job y el misterio de sus problemas fueron vistos a través de la lente del gilgul. Muchos de los primeros cabalistas, incluso el autor del Zohar, no pensaban en la transmigración como una ley universal, que afectaba a todos los que viven y respiran (no como creen los indios), y ni siquiera pensaban en ella como algo que se aplicaba a todos los humanos. En cambio, pensaban en ella como algo relacionado con las ofensas hechas contra el acto natural de la procreación y las transgresiones de naturaleza sexual.

El gilgul es visto como un castigo y uno muy duro para el que debe pasar por él. Al mismo tiempo, muestra la misericordia de Dios, ya que nadie es arrojado a la nada por él para siempre. Incluso a aquellos que merecen que su alma se destruya o se extinga (keritut) se les da una oportunidad de mejorar mediante el gilgul. Algunos ponen mucho énfasis en la justicia que conlleva la transmigración, otros se centran más en la misericordia. Sirve para un propósito: purificar el alma y dar la oportunidad de empezar de nuevo y hacerlo mejor. Una de las formas de castigar sus pecados anteriores, según este punto de vista, incluye también la muerte de los niños.

El Séfer ha Bahir dice que las reencarnaciones pueden continuar durante mil generaciones; sin embargo, según la cábala española, para que uno expíe sus pecados, el alma debe transmigrar tres veces más después de entrar en su primer cuerpo. Esto es según Job, capítulo 33, versículo 29: He aquí que Dios hace todas estas cosas, dos veces, tres veces, con un hombre. Sin embargo, las almas justas transmigrarán repetidamente, por el bien del mundo, no por su beneficio. También hay opiniones opuestas sobre la reencarnación interminable de los justos en la literatura cabalística, pues existe la postura que dice que los justos transmigrarán tres veces, mientras que los malvados lo harán por mil.

El entierro debe tener lugar antes de que pueda producirse un nuevo gilgul, y por tanto el entierro debe realizarse el mismo día en que la persona fallece. A veces, un alma masculina se encarna en una forma femenina, lo que provoca esterilidad. La transmigración de las almas en los cuerpos de los *gentiles* y las mujeres fue considerada una posibilidad por varios cabalistas. Este punto de vista contrasta con los que practican la cábala Safed. El Séfer Peli'ah considera que todos los prosélitos son almas judías que pasaron a cuerpos *gentiles* y luego volvieron a su estado anterior.

Hay mucha disputa sobre la reencarnación y el infierno. Bahya ben Asher dice que la transmigración solo ocurre una vez que uno acepta su castigo en las llamas eternas del infierno, sin embargo, la opinión opuesta se encuentra en el Zohar, en el Ra'aya Mehemna, y entre la mayoría de los cabalistas. El hecho de que el infierno y el gilgul se excluyan mutuamente significa que no se puede encontrar un compromiso entre ellos. Según Joseph de Hamadán de Persia, el infierno es la transmigración entre los animales.

Algunos dicen que las almas empezaron a transmigrar después de la muerte de Abel, mientras que otros dicen que esto ocurrió durante la generación que vivió el Diluvio, y que toda la transmigración terminará solo cuando los muertos sean resucitados. Entonces, los cuerpos de todos los que se reencarnaron volverán a la vida, y las nizozot (o chispas) de su alma original dentro de ellos se extenderán.

El desarrollo de la idea de la reencarnación, que pasó de ser un castigo limitado a ciertos pecados a un concepto general, es lo que llevó al surgimiento de la visión de la transmigración en animales, planos y cosas no vivas. Sin embargo, muchos cabalistas se opusieron firmemente a esta idea, y no se puso de moda hasta justo después del año 1400.

La primera mención de la reencarnación en cuerpos de animales fue en el Séfer ha-Temunah, que tiene su origen en un círculo de los asociados a los cabalistas de Gerona. Ahora bien, no encontrará esta idea en el Zohar, pero hay algunos dichos que puede encontrar en el Tikunei Zohar, que tratan de explicar esta idea exegéticamente, afirmando que esta doctrina ya era conocida por quien escribió esa obra.

Hay una obra anónima sobre el propósito de los mandamientos conocida como el Ta'amei ha-Mitzvot, publicada alrededor de 1290 - 1300, que tiene muchos detalles sobre la transmigración del alma humana en el cuerpo de un animal, y en todos esos detalles, parecería que la transmigración ocurrió por realizar actos sexuales que la Torá prohíbe expresamente.

Para obtener aún más información sobre la idea del gilgul, se puede recurrir a la obra de Joseph bar Shalom Asquenazí y sus doctos colegas de principios del siglo XIV. Según ellos, la transmigración se produce en todas las formas de existencia, desde los sefirot hasta los ángeles e incluso las cosas no vivas. Lo llaman din benei halof o sod ha-shelah.

Según este punto de vista cabalístico, todas las cosas del mundo están siempre en proceso de cambio de forma. Descienden a su forma más baja, para volver a ascender a su forma más elevada. Por lo tanto, la idea de la reencarnación del alma en una forma en otra forma es bastante oscura, y en su lugar, usted tiene la ley del cambio de forma.

Tal vez lo mejor sería pensar en esta versión de gilgul como la respuesta a la siempre constante cuestión filosófica basada en la definición del alma como la forma del cuerpo, que no puede convertirse en la forma de otro cuerpo, según Aristóteles. Los cabalistas de Safed están de acuerdo con la idea del gilgul, según la cual un alma transmigrará en todas las formas que existen en la naturaleza. Es a través de los cabalistas de Safed que este punto de vista se hizo tan popular.

Comentarios y ediciones del Séfer ha Bahir

El más preciso de los manuscritos del Séfer ha Bahir, en su forma definitiva, es el que escribió Meir ben Solomon Abi-Sahula en 1331. Había publicado su comentario sobre el Séfer ha Bahir, Or HaGanuz, o "La luz oculta" de forma anónima. Desde entonces, el Séfer ha Bahir fue traducido al alemán y al inglés por Gershom Scholem y Aryeh Kaplan, respectivamente. En tiempos más recientes, Saverio Campanini ha aportado una edición mucho más crítica que resulta muy útil.

Capítulo 10: Cabalistas significativos en la historia

En este capítulo, repasaremos los cabalistas más importantes de la historia que se remontan a los tiempos bíblicos. Estos son cabalistas que han ayudado a hacer de la cábala lo que es hoy. También hablaremos de sus diversas escuelas de pensamiento.

La cábala surgió entre los siglos XII y XIII en España y el sur de Francia. Se desarrolló aún más durante el siglo XVI en la Palestina otomana. Juntos, estos pueblos crearon la base del misticismo judío actual. También repasaremos algunos de los importantes cabalistas jasídicos que también han contribuido a crear la cábala tal y como la conocemos.

La cábala es una tradición que cada generación recibe de la anterior. Por lo tanto, tiene sentido centrarse en las figuras del pasado. Como en un juego de teléfono, el mensaje original puede modificarse con el tiempo. Con el tiempo, cada generación ha añadido a la cábala, aportando aún más luz, por poco que sea, a la práctica. Cada generación tiene al menos cientos de grandes cabalistas, y muchos son bien conocidos no solo por su nombre, sino también por la maravillosa obra que han escrito. Menciono esto para aclarar que la lista de cabalistas en este capítulo no son los únicos cabalistas que importan o han contribuido a la práctica.

Adán

Comenzamos con Adán, que tenía la importantísima luz de la cábala. Algunos dicen que sabía más que todos los demás desde que conoció o conoce la tradición, y que transmitió todo lo que había aprendido a sus descendientes, y eso incluye a Matusalén y Hanoch. Matusalén y Hanoch enseñaron a Noé, y a su vez, Noé enseñó a los que vinieron después de él, incluyendo a Abraham, que fue discípulo y asistente a la escuela de Shem (Shem era hijo de Noé).

Aquí hay una cosa interesante sobre la historia de la creación. No fue que Adán fue creado primero, y luego Eva fue creada a partir de Adán. Por el contrario, el primer ser humano era una criatura dual, que poseía atributos masculinos y femeninos. Entonces, Dios dividió a este ser en dos, siendo una mitad Adán y la otra Eva. Esta división es la razón por la que se dice en la cábala que todos los humanos son solo la mitad de un alma, y que debe encontrar su otra mitad, convertirse en uno con ella, y en el proceso, convertirse en uno con la Divinidad.

La cábala también dice que todos somos partes reales de Adán, y que solo hay un alma en toda la existencia. Así que, por un lado, todos somos la mitad de un alma, que busca sus otras mitades para lograr la plenitud. Pero todos somos pequeñas chispas de la misma alma, que en conjunto conforman el alma de Adán.

Los cabalistas definen a los seres humanos como criaturas que viven en un mundo de espíritu y materia, y al mismo tiempo. Al ser el primero de nosotros en poseer tanto un alma como un cuerpo, Adán es la base del estudio de la naturaleza del hombre en la mística judía.

Abraham

El patriarca siempre será uno de los cabalistas más significativos. Él dio al mundo este importante recordatorio: El Señor es Uno. Esta visión de que hay un solo Dios es sostenida profunda y apreciadamente por los seguidores de la cábala. El monoteísmo parece sencillo, pero no es fácil de entender. Según Maimónides, "Dios no es dos o más, sino uno, unificado de una manera que supera cualquier unidad que se encuentre en el mundo". Para comprender esta unidad, sería necesario meditar y contemplar los textos cabalísticos.

Abraham es la sefirá de Chesed, que tiene los atributos de generosidad, expansión y efusión. Abraham es visto como un dador, y esto refleja el impulso de Dios de no solo crear el mundo, sino dar a su creación alegría y las cosas buenas de la vida. Se dice que el Séfer Yetzirah fue escrito por Abraham, mientras que otros afirman que Abraham compartió la información y la transmitió de una generación a otra, mientras que fue el rabino Akiva quien lo puso por escrito.

Abraham también es un símbolo de la idea de ser probado por Dios. Fue llamado a dejar su hogar y viajar a un lugar desconocido. Se le prometió prosperidad, solo para pasar hambre en Canaán, pero siguió creyendo en Dios. Se enfrentó a muchos problemas con Sara cuando estaba en la tierra de Egipto. Se enfrentó a estar en una época de guerra, en un espacio político muy difícil. Él y su esposa Sara no podían tener hijos. Se le pidió que se circuncidara. Tuvo que vivir muchas injusticias por parte de Abimelec. También tuvo que despedir a su concubina Agar cuando se quedó embarazada, aunque necesitaba un hijo, enviando a Ismael, y, por último, pero no menos importante, cuando finalmente tuvo un hijo de Sara, se le pidió que sacrificara al niño, Isaac, en un altar.

Estas son como las pruebas que enfrentamos en nuestro día a día, y Abraham sirve como modelo para que otros cabalistas hagan lo mejor posible para asegurarse de que siempre, en todas las cosas, sigan la voluntad de Dios.

Rabino Akiva

Al estudiar la Torá, le gustará el personaje del rabino Akiva, que fue uno de los más grandes rabinos y bien podría ser el más grande de la era rabínica del 70 d. C. al 500 d. C.

Aprendió el alfabeto hebreo a los 40 años. Antes de llegar a los 40 años, solo era un pastor al que no le importaba la religión en absoluto y particularmente no soportaba la tradición judía. Entonces, un día conoció a Raquel, cuyo padre era una de las personas más ricas de Jerusalén. Ella vio algo en él y le dijo que se casaría con él con la condición de que aprendiera la Torá. Él aceptó la oferta y pronto se casaron. Sin embargo, a su padre no le hizo ninguna gracia, por lo que la repudió y le dio la espalda durante 24 años. Con el tiempo, se reconciliaron, una vez que él aprendió lo grande que era Rabí Akiva, es decir.

El rabino Akiva es un gran ejemplo para los cabalistas que se vuelcan a la vida espiritual en sus últimos años de vida, ya que demostró que era posible alcanzar las alturas del desarrollo espiritual, sin importar lo tarde que se comience. Hay una historia popular sobre cuatro rabinos que se adentraron en un huerto o pardes, en hebreo (el origen del inglés "paradise"). Pardes es un acrónimo formado por las letras p, r, d y s, que significan los diferentes niveles del estudio de la Torá.

- P: P' shat, que trata de los significados literales de los textos sagrados.
- R: Remez, que se refiere a las partes de la Torá que no son inmediatamente evidentes porque solo se insinúan sutilmente.
- D: D'rash, que es el mensaje o la enseñanza espiritual o ética que se puede extraer de los textos sagrados.
- S: Sod, que es el significado esotérico, oculto y cabalístico que se encuentra en la Torá.

Ahora volvamos a los cuatro rabinos, todos ellos considerados grandes. Estaban el rabino Ben Azzai, el rabino Elisha ben Abuya, el rabino Ben Zoma y el rabino Akiva. Se habían ido al huerto para poder estudiar la Torá en privado. Revisaron la Torá, extrayendo de sus profundidades el conocimiento dorado, la más esotérica de las enseñanzas. Todos salieron de su estudio con resultados diferentes, lo que pone de manifiesto el peligro de estudiar lo místico.

- El rabino Ben Azzai exploró las profundidades místicas de la Torá y luego murió.
- El rabino Elisha ben Abuya también exploró la Torá profundamente, solo para convertirse en un hereje.
- El rabino Ben Zoma enloqueció a causa de sus exploraciones místicas.
- El rabino Akiva "entró en paz y salió en paz", como está escrito en el texto sagrado.

Estudiar algo que está más allá de usted es una propuesta arriesgada. Debe asegurarse de que tiene los fundamentos bien aprendidos antes de profundizar y estudiar los asuntos más complejos de la cábala.

El rabino Akiva aparece a menudo a lo largo de los 63 volúmenes del Talmud. Fue el pastor espiritual de miles de sus seguidores y, hasta la fecha, todo cabalista que se precie se considera también un discípulo suyo.

Rabino Shimon bar Yojai

El rabino Shimon bar Yojai estudió a los pies de rabino Akiva. Fue muy destacado en el movimiento antirromano, y tuvo que huir con su hijo, el rabino Eleazar ben Shimon. Se escondieron en una cueva durante 13 años, estudiando la naturaleza esotérica de la Torá, que ahora llamamos cábala. El rabino Shimon anotó todo lo que él y su hijo habían hablado en sus 13 años de escondite, y eso formó el Zohar. Sin duda, se trata de un cabalista muy significativo, hasta el punto de que, hasta la fecha, miles de personas acuden a Merón, donde fue enterrado, para estudiar el Zohar y contemplar la grandeza del rabino.

Incluso en su lecho de muerte, el rabino Shimon había enseñado cábala a sus discípulos, compartiendo los secretos que había recogido a lo largo de los años. Sabía que ese día sería el último, y aun así siguió enseñando, con la esperanza de compartir todo lo que pudiera sacar antes de fallecer. Según la leyenda, el sol se negó a ponerse ese día, lo que provocó un incendio alrededor de la casa del rabino Shimon Bar Yojai. Por eso, cuando los discípulos y los peregrinos se dirigen a Merón el 22º día del Omer, se suele encender una gran hoguera en su honor.

Rabino Isaac Luria

El rabino Isaac Luria también era conocido como el Santo Arí, que se forma a partir de las primeras letras de las palabras Asquenazí rabino Isaac. Ari es también una palabra que significa "león". Demostró ser un genio desde muy joven al estudiar a los grandes rabinos. Sus enseñanzas han cambiado todo el judaísmo, ya que reveló los verdaderos significados de los rituales y los días sagrados. Muchas de sus costumbres se han convertido en parte de la vida judía cotidiana, que ningún cabalista escatima.

El Santo Arí murió a la edad de 39 años, y como no se debería empezar a estudiar la cábala hasta los 40 años, esto es algo muy irónico. Sin embargo, la edad de estudio no es necesariamente una regla y es más bien una advertencia. En todo caso, Ari ha demostrado que esta "regla" no debe seguirse estrictamente.

Rabino Isaías Horowitz

También conocido como el Shelah HaKodesh, nació en Praga y murió en Safed. A lo largo de su vida, dirigió muchas comunidades judías europeas. Tradicionalmente, a veces se hace referencia a los rabinos no por sus nombres reales, sino por el mayor de sus obras escritas. Así, al rabino Isaías Horowitz se le llama Shnei Luchot HaBrit, que significa "las dos tablas del pacto". Muchas personas que estudian su obra ni siquiera conocen su verdadero nombre, ya que lo llaman Shelah HaKodesh, o simplemente Shelah. También hay una oración llamada Shelah HaKodesh, que los cabalistas recitan hasta hoy.

Shelah era rico y un gran filántropo. Para él, la vida debía estar llena de alegría, y todo el mundo debía convertir su propensión al mal en buenas acciones. Fue muy influyente y también se le considera uno de los fundadores del movimiento revivalista conocido como jasidismo, que se basa en gran medida en la cábala.

Rabino Israel Baal Shem Tov

Los padres del rabino Israel eran Eliezer y Sara, y ambos eran viejos cuando lo tuvieron en 1698, cerca de la frontera que comparten Rusia y Polonia, en un pequeño pueblo ucraniano. Su padre, Eliezer, le había dicho justo antes de morir: "No temas nada más que a Dios". Así pues, el rabino Israel se tomó en serio su búsqueda, profundizando en la cábala y codeándose con sus mejores maestros, que le dieron todo el alimento espiritual que necesitaba.

Cuando el rabino tenía 36 años, se mostraba a todos y era conocido como el maestro más justo y santo. Fue entonces cuando obtuvo el nombre de Baal Shem Tov, que significa Maestro del Buen Nombre, debido a cómo era capaz de utilizar los nombres divinos de Dios para hacer que ocurrieran milagros.

Baal Shem Tov es el fundador del movimiento jasídico. El significado de jasid es "el piadoso". La fuerza motriz del jasidismo es el gran interés que tenía Baal Shem Tov en hacer popular la cábala. La mayoría de sus enseñanzas se basaban en la visión del Ari, excepto que donde el Ari pretendía compartir sus enseñanzas con un pequeño grupo, Baal Shem Tov quería que todo el mundo, jóvenes y mayores, comprendieran las verdades espirituales de la cábala. Tenía una manera maravillosa de tomar ideas muy abstractas y divinas, y condensarlas en trozos comprensibles y relacionables.

El rabino Yakov Yosef de Polnoye fue el responsable de compartir las enseñanzas de Baal Shem Tov por escrito, en un libro titulado Toldot Yakov Yosef, así como en otros libros. Todos los discípulos de Baal Shem Tov han escrito volúmenes sobre sus enseñanzas, que se cuentan por miles. Hasta la fecha, sus enseñanzas siguen dando forma a la cábala tal y como es hoy.

El Gaón de Vilna - El rabino Elías

Gaón es una palabra hebrea que significa "genio", y no es sorprendente, por tanto, que el rabino Elías fuera llamado el Gaón de Vilna. Fue un rabino de Vilna, que está en Lituania. Nacido en 1720, todo el mundo reconocía su genialidad, ya que, desde la tierna edad de siete años, ya había empezado a dar clases y conferencias públicas.

A los diez años, era uno de los maestros más significativos de la historia. Pasó por un voto de pobreza durante un tiempo, vagando de ciudad en ciudad hasta que regresó a Vilna.

El rabino Elías se dedicó al estudio de la Torá. Su memoria fotográfica le ayudaba enormemente, y tenía un conocimiento muy sólido de las enseñanzas divinas de la Torá, tanto las reveladas como las esotéricas. También era conocido en otras áreas de estudio seculares. Un rabino muy generoso y bondadoso, había realizado importantes comentarios sobre los textos sagrados, incluido el Talmud, corrigiendo errores centenarios.

Este rabino estaba muy en contra de algunas opiniones y prácticas jasídicas. Siempre sospechó de los cambios que los líderes jasídicos estaban introduciendo en las prácticas judías tradicionales. Según el jasidismo, los seguidores del rabino Elías eran llamados Mitnagdíes, que significa "opositores". Es una situación triste pensar que los Mitnagdíes eran considerados anti-jasidismo. Los Mitnagdíes y los judíos jasídicos que han encontrado un terreno común en los Mitnagdíes son únicamente aquellos que son muy tradicionales y no se consideran jasídicos. A pesar de su oposición al jasidismo, el Gaón de Vilna se convirtió de alguna manera en un gran cabalista. Escribió el mejor comentario sobre el Séfer Yetzirah.

Rabino Adin Steinstaltz

El rabino Adin nació en 1937, en Jerusalén, en un hogar secular. No empezó a estudiar la Torá hasta su adolescencia. Sin embargo, creció muy rápidamente hasta convertirse en un maravilloso maestro. A los 25 años, ya enseñaba a los ancianos. Sus padres eran muy escépticos y le habían educado de la misma manera. En sus palabras, "soy tan escéptico que me volví escéptico del escepticismo".

El rabino Steinstaltz escribió el más completo de los comentarios acerca del Talmud, sobre los 63 volúmenes de este. Esto es algo que nadie había logrado en mil años antes que él. Se considera una obra de puro genio.

Moisés de León

El rabino Moisés de León era conocido como Moshé ben Shem-Tov en hebreo. Fue un cabalista y un rabino español, también conocido como el que redactó el Zohar. Como ya hemos comentado, existe cierta controversia sobre si el Zohar se basó simplemente en las enseñanzas reales de Rabí Shimon bar Yojai o si son obra suya. También ha escrito otras obras importantes, como el Séfer ha-Rimon.

El rabino Moisés nació en España, concretamente en el Reino de León. Durante 30 años estuvo en Guadalajara, y también en Valladolid, antes de pasar a Ávila, que es donde vivió el resto de sus días antes de morir en 1305 en Arévalo cuando regresaba a su casa.

Recordando que el Zohar es tenido en alta estima por casi todos los cabalistas, no es exagerado ver que el rabino Moisés ha contribuido inmensamente al estudio y comprensión de las enseñanzas cabalísticas reveladas y esotéricas.

Gershom Scholem

Gershom fue un filósofo israelí nacido en Alemania el 5 de diciembre de 1897. Fue el fundador de los estudios modernos y eruditos sobre la cábala, y es el primer profesor de mística judía, en la Universidad Hebrea de Jerusalén, según la Enciclopedia de Filosofía de Stanford (edición de primavera de 2009).

El libro de Scholem Las principales tendencias del misticismo judío (publicado en 1941) es una asombrosa colección de profundas conferencias. También es conocido por haber escrito la biografía Sabbatai Zevi, el Mesías Místico (1957). Se empeñó en recopilar sus ensayos y discursos, que publicó colectivamente bajo el título de Sobre la cábala y su simbolismo (1965). Esto ayudó a difundir la luz de la cábala entre judíos y no judíos.

Scholem se empeñó en enseñar la cábala desde un punto de vista científico, lo que resultó muy útil para quienes se sienten desanimados por la idea de aprender conceptos religiosos sin base física. Siempre sostuvo la opinión de que lo místico y lo mítico eran tan importantes como lo racional.

Maimónides

Moisés ben Maimón también fue llamado Maimónides y Rambam. Fue un filósofo judío sefardí de la época medieval, y llegó a ser uno de los eruditos de la Torá más influyentes y prolíficos de aquellos tiempos. También fue un conocido y respetado astrónomo y sirvió como médico personal de An-Nasi Salah-ad-Din Yusuf ibn Ayyub, también conocido como Saladino o Saha ad-Din, el que fundó la dinastía ayubí, y el primer Custodio de las Dos Mezquitas Sagradas.

Según otros, Maimónides nació en Córdoba, actual España, en la víspera de la Pascua de 1138 (o 1135). Murió en 1204, el 12 de diciembre, en Egipto, y fue enterrado en Tiberíades, en la baja Galilea.

Muchos judíos agradecieron los escritos y las enseñanzas de Maimónides, ya que arrojaron una luz muy necesaria sobre las leyes y la ética judías. Su obra influyó en tierras lejanas como Yemen e Irak. Sin embargo, también tuvo sus críticos. Después de su muerte, quedó a la vanguardia de todos los filósofos rabínicos sobre el judaísmo, y su obra es, en efecto, una piedra angular muy importante del estudio del judaísmo. Escribió el Mishné Torah, obra con 14 volúmenes, y hasta ahora se considera la referencia obligada para los asuntos del Talmud. Maimónides también es llamado ha'Nesher ha'Gaddol, que significa "la gran águila", por ser un verdadero exponente de la Tradición Oral de la Torá.

Rabino Schneur Zalman de Liadí

El rabino Schneur vivió de 1745 a 1812. Fue un maestro del jasidismo. Estudió a los pies del rabino Dov Ber de Mezeritch, que fue uno de los mejores alumnos del Baal Shem Tov. Los judíos jasídicos siguen recurriendo a su libro, el Tanya, que es una mina de oro cabalística de conocimientos. También tiene otros libros que, hasta la fecha, son muy influyentes.

Rabino Aryeh Kaplan

Era estadounidense y ha escrito obras increíbles sobre la cábala, que parecía comprender profundamente. También conocía con experiencia la física moderna. Es autor de muchas obras populares, entre ellas el título Meditación judía: Una guía práctica (publicado por Shocken Books). Se trata de un libro estupendo para tener en las manos, ya que comparte varias técnicas de meditación, junto con mantras de la Biblia (frases y versos que puede cantar mientras medita). También cubre los temas de visualización, contemplación y conversación con la divinidad.

Capítulo 11: La cábala en la práctica

Ser cabalista no es algo que se hace de forma intermitente. Cada acción, palabra y pensamiento debe estar en línea con los principios cabalísticos. Hay tres cosas que debe hacer cada día:

- Estudiar
- Orar
- Ser amable

Para la práctica diaria

Estudie

No tiene que encontrar una cueva para esconderse durante 13 años, y tampoco tiene que encontrar un huerto. Lo que debería hacer es tomarse al menos cinco minutos al día para estudiar la cábala. Si tiene tiempo de ver Stranger Things, entonces tiene tiempo de dedicar al estudio solo cinco minutos. Es mejor ser coherente con cinco minutos al día que intentar estudiar 50 horas seguidas para no volver a intentarlo en los próximos cinco años.

Estudie el Pirkei Avot, la Biblia, la Torá, el Zohar o cualquier libro sagrado judío que se sienta impulsado a estudiar en ese momento. No tiene que estudiar estos libros cronológicamente, porque según la cábala, "Ein mukdam u'meuchar b'Torah", lo que significa que la Torá no tiene ni antes ni después. Sumérjase donde quiera. Si le ayuda, también puede estudiar con un compañero. Consulte también los comentarios modernos sobre los libros sagrados, ya que ellos le darán aún más luz sobre lo que es la cábala.

Ore

Puede orar dondequiera que esté y siempre que pueda. No tiene que ir a una sinagoga para orar. Dios es infinito, lo que significa que Dios no está limitado a un edificio, y dondequiera que vaya, Dios está allí.

Orar es importante. Hay muchas maneras de orar, pero debe tener todo esto en cuenta: No es necesario esperar a que sea un día santo, pues cada día es suficientemente santo para orar. Tampoco es necesario que tenga el libro adecuado para la oración ni que mire hacia ninguna dirección. No necesita que un rabino esté presente. No necesita arreglarse, y no necesita hablar hebreo o latín o lo que sea antes de poder rezar.

Puede alabar a Dios por las cosas grandes y por las pequeñas. Puede mostrar gratitud, e incluso puede dar a conocer sus peticiones a la divinidad, y se le responderá de la manera perfecta y en el momento perfecto. La cábala está llena de bendiciones para cada ocasión, ya sea para comer, dormir, comprar cosas nuevas o cualquier otra cosa, en realidad. Normalmente, se dice una oración de bendición antes de hacer cosas, como comer, acostarse por la noche, o incluso en el baño, aunque la mayoría de los cabalistas prefieren esperar hasta después de haber terminado en el baño antes de decir una bendición... No es que a Dios le importe.

Si no tiene claro por dónde comenzar, puede recurrir a un libro de oraciones para que le ayude. Un libro de oraciones tiene una colección de oraciones, que sigue creciendo, ya que las nuevas generaciones añaden más oraciones. No hace falta que lo lea todo; basta con que elija una oración que le inspire y se ponga a ello.

Sea amable

En cábala, tiene gemilut chasadim, que significa "bondad amorosa". Debe estar lleno de bondad, y debe expresar esa bondad a las personas que le rodean. Estos son algunos de los actos cabalísticos de bondad amorosa que puede realizar ahora mismo:

- Nichum Aveilim, que consiste en consolar a los que lloran
- Bikur cholim, que consiste en visitar a los enfermos
- Kevud av v'em, que es honrar a sus padres
- Hachnasat Orchim, que es la hospitalidad
- Hesed shel emet, que es la verdadera bondad

También se requiere dar caridad. Esto es algo que los cabalistas hacen a menudo cada día. Puede hacerlo según la inspiración y cuando se presente la oportunidad de ser caritativo. Incluso si piensa que la persona que le pide dinero no lo necesita, está obligado a darlo como cabalista.

Meditación

Hay 49 días entre Pascua y Shavuot, que es un día sagrado conocido como la sefirá haomer. Aunque puede meditar cualquier día y debería hacerlo todos los días, estos 49 días le dan la oportunidad de centrarse en las diez sefirot y en lo que significan en su vida. Durante estas 7 semanas, se dedicará a las siguientes sefirot:

- Primera semana: Chesed
- Segunda semana: Geburáh
- Tercera semana: Tiféret
- Cuarta semana: Netsaj
- Quinta semana: Hod

- Sexta semana: Yesod
- Séptima semana: Maljut

En sus contemplaciones, debe darse cuenta de que cada sefirá tiene en su interior las nueve sefirot restantes. Por lo tanto, durante la primera semana, su contemplación debe ir de esta manera:

Día 1: Contemple el Chesed de Chesed. Esto significa que esta sefirá de bondad amorosa tiene un aspecto de amor en el que debe reflexionar.

Día 2: Contemple la Geburáh de Chesed. Geburáh es disciplina, lo que significa que hay disciplina en el amor. El amor sin disciplina es mortal.

Día 3: Contemple la Tiféret de Chesed. Tiféret es armonía y belleza. Hay belleza y armonía en la bondad amorosa. En todas sus acciones de este día, mire cómo puede hacer que sus acciones estén llenas de más amor, armonía y belleza.

Día 4: Contemple el Netsaj de Chesed. Netsaj es el impulso para lograr cosas. Muestra que el amor debe perdurar en lugar de desvanecerse.

Día 5: Contemple el Hod de Chesed. Hod se refiere a la perseverancia, que es importante en el amor, sobre todo porque nuestras relaciones no siempre son fáciles. Reflexione sobre la perseverancia en este día.

Día 6: Contemple el Yesod de Chesed. Esto significa que debe haber cercanía, intimidad y conexión a nivel emocional para que el amor sea perfecto. Medita sobre esto.

Día 7: Contemple el Maljut de Chesed. Maljut es todo lo que se resume. Es la vida, hecha física. Quiere estar seguro de que el amor no es una idea abstracta, sino que se hace realidad a través de actos de bondad amorosa.

Luego, durante la semana siguiente y las siguientes, medite en la sefirá de esa semana a la luz de las demás sefirot, día tras día.

Yoga de la cábala

Puede practicar el yoga de la cábala, que es algo más que mover el cuerpo. Ciertas posturas pueden formar las letras del alfabeto hebreo. Como ya sabe, las letras hebreas son fundamentales para la creación, por lo que ser capaz de poner su cuerpo en la misma posición que estas letras canaliza su energía a través de su vida.

Si le gustaría participar en la cábala de una manera muy física como el yoga, entonces debería buscar clases de yoga de cábala cerca de usted para que le guíen. Mientras que practica, haga un punto de meditación en las sefirot, o la sefirá que más le llame en el momento. No necesita ser un profesional del yoga, ya que esto funciona incluso para los principiantes. Obtendrá fuerza, será más flexible y protegerá su mente y su cuerpo del estrés y de otras enfermedades.

Conclusión

Por fin hemos llegado al final de este libro. Sin embargo, no quiere detener su exploración aquí. Hay mucho más que aprender sobre la práctica de la cábala y cómo puede ayudarle a vivir una vida que le resulte verdaderamente satisfactoria.

Espero que tenga una comprensión decente de las ideas más importantes de la práctica de la cábala. Muchos de los que recurren a la cábala han descubierto que sus vidas se vuelven mucho más pacíficas, lo cual es muy importante en un mundo que parece haber perdido la cabeza.

A medida que usted practica más y más, se dará cuenta de que hay mucho más en la realidad que solo lo físico. Esto es muy tranquilizador, ya que verá la mano de la divinidad moviéndose en su vida y en la de los demás, así que, al igual que Abraham, aunque nada parezca funcionar, tendrá esa confianza inquebrantable en su interior de que todo va de acuerdo con el plan divino. Esta comprensión no solo le trae paz mental, sino que acelera la resolución de lo que sea que esté enfrentando ahora.

Encontrará que ya no es víctima de un sufrimiento innecesario, ya que la práctica de la cábala le mostrará cómo utilizar sus deseos de una manera que le satisfaga, con lo que se conoce como "una intención de otorgar". Más que eso, ya que estamos en un mundo que se nutre de las consecuencias, y ya que en su mayoría no somos tan conscientes de dónde venimos y hacia dónde vamos, y de nuestro propósito, una práctica como la cábala puede traerle luz a lo que importa. La cábala le permitirá ser más perceptivo de los reinos superiores de la realidad e incluso le mostrará cómo puede recurrir a estos reinos para llevar su vida a donde debe estar bajo la Voluntad Divina.

Finalmente, la práctica de la cábala le enseñará que no está solo. Puede que estemos separados unos de otros, y que nuestras vidas estén diseñadas en base a esta separación, forzándonos a lidiar con conflictos, luchas y búsquedas fallidas, haciéndonos pensar que solo estamos aquí para sobrevivir hasta perecer, pero ese no es el caso. Una vez que haga de la cábala una práctica diaria, aprenderá que todo y todos estamos conectados. Todos somos piezas de un enorme rompecabezas cósmico, y todos somos uno. Esto también es algo grandioso porque usted se inspira, junto con otros cabalistas, a vivir su vida de manera que beneficie a todos los que lo rodean. Sabe que todos sus pensamientos, palabras, acciones y deseos afectan a todos los demás, y esta es la receta exacta para una versión de la Tierra que sea la más ideal para todos y cada uno.

Vea más libros escritos por Mari Silva

Referencias

Dan, Joseph; The Early Jewish Mysticism [La mística judía primitiva], Tel Aviv: MOD Books, 1993.

Dan, J. and Kiener, R.; The Early Kabbalah [La Cábala temprana], Mahwah, N.J.: Paulist Press, 1986.

Dennis, G.; The Encyclopedia of Jewish Myth, Magic, and Mysticism [Enciclopedia del mito, la magia y el misticismo judíos], St. Paul: Llewellyn Worldwide, 2007.

Fine, Lawrence, ed. Essential Papers in Kabbalah [Documentos senciales sobre la cábala], New York: NYU Press, 1995.

Fine, Lawrence; Physician of the Soul, Healer of the Cosmos: Isaac Luria and his Kabbalistic Fellowship [Médico del alma, sanador del cosmos: Isaac Luria y su hermandad cabalística], Stanford: Stanford University Press, 2003.

Fine, Lawrence; Safed Spirituality [Espiritualidad de Safed], Mahwah, N.J.: Paulist Press, 1989.

Fine, Lawrence, ed., Judaism in Practice [El judaísmo en la práctica], Princeton N.J.: Princeton University Press, 2001.

Idel, Moshe; Kabbalah: New Perspectives [Cábala: Nuevas Perspectivas]. New Haven and London: Yale University Press, 1988.

Idel, Moshe; Kabbalistic Prayer and Color, Approaches to Judaism in Medieval Times [La oración cabalística y el color, enfoques del judaísmo en la época medieval], D. Blumenthal, ed., Chicago: Scholar's Press, 1985.

Idel, Moshe; Kabbalah: New Perspectives [Cábala: Nuevas Perspectivas], New Haven, Yale University Press, 1988.

Kaplan, Aryeh; Inner Space: Introduction to Kabbalah, Meditation, and Prophecy [Espacio interior: Introducción a la Cábala, la Meditación y la Profecía]. Moznaim Publishing Corp 1990.

Samuel, Gabriella; "The Kabbalah Handbook: A Concise Encyclopedia of Terms and Concepts in Jewish Mysticism". ["El Manual de la Cábala: Una Enciclopedia Concisa de Términos y Conceptos del Misticismo Judío".] Penguin Books, 2007.

Scholem, Gershom; Major Trends in Jewish Mysticism [Principales tendencias del misticismo judío], 1941.

Scholem, Gershom; Jewish Gnosticism, Merkabah Mysticism, and the Talmudic Tradition [El gnosticismo judío, el misticismo de la merkabá y la tradición talmúdica], 1960.

Scholem, Gershom; Sabbatai Zevi, the Mystical Messiah [Sabbatai Zevi, el Mesías Místico], 1973.

Scholem, Gershom; Kabbalah, Jewish Publication Society [Cábala, Sociedad de Publicaciones Judías], 1974.

Wolfson, Elliot; Language, Eros Being: Kabbalistic Hermeneutics and Poetic Imagination [El lenguaje, el ser del Eros: Hermenéutica cabalística e imaginación poética], New York: Fordham University Press, 2005.

Wolfson, Elliot; Venturing Beyond: Law and Morality in Kabbalistic Mysticism [Aventurarse más allá: Ley y moral en la mística cabalística], Oxford: Oxford University Press, 2006.

Wolfson, Elliot; Alef, Mem, Tau: Kabbalistic Musings on Time, Truth, and Death [Tau: Reflexiones cabalísticas sobre el tiempo, la verdad y la muerte], Berkeley: University of California Press, 2006.

Wolfson, Elliot; Luminal Darkness: Imaginal Gleanings from Zoharic Literature [La oscuridad luminosa: Recolecciones imaginarias de la literatura zohárica], London: Onworld Publications, 2007.

The Wisdom of The Zohar: An Anthology of Texts, three-volume set [La sabiduría del Zohar: Una antología de textos, en tres volúmenes], Ed. Isaiah Tishby, translated from the Hebrew by David Goldstein, The Littman Library.

www.ingramcontent.com/pod-product-compliance
Lightning Source LLC
Chambersburg PA
CBHW071903090426
42811CB00004B/729